AF206838

Daten als Service (DaaS)

Effektive Nutzung von Daten in der digitalen Ära

Marco Forestier

Impressum

1 Auflage, vom 23.05.2023

Autor: Marco Forestier

Bildnachweis:
Titelbild: iStock-1435123467 (ArtemisDiana)

Herstellung und Verlag:
BoD – Books on Demand, Norderstedt
ISBN: 9783746031620

MIX
Papier aus verantwortungsvollen Quellen
Paper from responsible sources
FSC® C105338
FSC
www.fsc.org

Sprache und gendern

„Geschlechtergerechte Sprache (oft auch kurz Gendersprache genannt) bezeichnet einen Sprachgebrauch, der in Bezug auf Personenbezeichnungen die Gleichbehandlung von Frauen und Männern und darüber hinaus aller Geschlechter zum Ziel hat und die Gleichstellung der Geschlechter in gesprochener und geschriebener Sprache zum Ausdruck bringen will." (wikipedia - https://de.wikipedia.org)

Um es einmal vorweg zunehmen, ich bin für Gleichberechtigung und Gleichbehandlung! Die Gendersprache jedoch lehne komplett ab, weil Sie politisch ist und der Sache nicht dienlich ist. Im Gegenteil, sie verunstaltet um nicht zu sagen vergewaltigt die Deutsche Sprache und lädt einen Sachbezogen Text mit politisch gewollter Gleichmacherei auf. Genau diese politisch Gleichmacherei lehne ich ab, weil sie ohne hin reine Illusion / Fiktion ist. Die Menschen sind nicht alle gleich und das ist auch gut so!

Man muss eine Sprache nicht komplett umkrempeln, um für Gleichbehandlung zu sorgen, es reicht völlig aus, wenn man alle Menschen anständig behandelt. Aus diesen und einer Reihe anderen Gründen lehne ich die Gendersprache komplett ab und weigere mich diesem Blödsinn zu unterstützen.

Marco Forestier

Kontakt zum Autor

Wenn Sie mit mir in Kontakt treten möchten, können Sie dies gerne über folgende eMail-Adresse oder linkedin tun:

eMail:
autor@forestier.de

Webseite:
www.buch.forestier.de

Inhaltsverzeichnis

Vorwort

Liebe Leserinnen und Leser,
es ist mir eine große Freude, Ihnen das vorliegende Buch über Daten als Service (DaaS) präsentieren zu dürfen. In einer Zeit, in der Daten zu einem der wertvollsten Ressourcen geworden sind, nimmt DaaS eine immer wichtigere Rolle ein. Dieses Buch soll Ihnen einen umfassenden Überblick über dieses faszinierende Thema bieten und Ihnen helfen, die Chancen und Herausforderungen von DaaS besser zu verstehen.

Daten sind heutzutage allgegenwärtig und spielen eine entscheidende Rolle in Unternehmen und Organisationen aller Art. Sie dienen als Grundlage für wichtige Geschäftsentscheidungen, ermöglichen die Entwicklung innovativer Produkte und Dienstleistungen und tragen zur Steigerung der Effizienz und Wettbewerbsfähigkeit bei. Doch der Zugang zu hochwertigen Daten und ihre effektive Nutzung stellen oft eine große Herausforderung dar.

Genau hier setzt DaaS an. Es ermöglicht Unternehmen und Organisationen, auf umfangreiche Datenbestände zuzugreifen und diese in einem einfachen und effizienten Format zu nutzen. Statt selbst große Dateninfrastrukturen aufzubauen und zu verwalten, können sie auf externe Datenanbieter zurückgreifen und von deren Expertise profitieren. DaaS bietet somit eine flexible und skalierbare Lösung, um Daten zu beziehen, zu analysieren und gewinnbringend einzusetzen.

In diesem Buch werden wir uns intensiv mit verschiedenen Aspekten von DaaS auseinandersetzen. Angefangen bei den Grundlagen und der Definition von DaaS, über die verschiedenen Arten von DaaS-Modellen, bis hin zu den zukünftigen Entwicklungen und den rechtlichen Aspekten. Sie werden mehr über die führenden Unternehmen und Plattformen auf dem DaaS-Markt erfahren und Einblicke in die Integration von künstlicher Intelligenz und maschinellem Lernen in die automatisierte Datenanalyse gewinnen.

Mein Ziel ist es, Ihnen eine fundierte Wissensgrundlage zu bieten und Ihnen dabei zu helfen, die Potenziale von DaaS optimal auszuschöpfen. Dabei lege ich großen Wert auf eine klare und prägnante Wissensvermittlung. Die Texte sind anschaulich und verständlich formuliert, sodass Sie sich leicht in die Materie einfinden können.

Mit herzlichen Grüßen,
Marco Forestier

Kapitel 1: Einführung in Daten als Service

Die zunehmende Digitalisierung und Vernetzung in der heutigen Welt hat zu einem exponentiellen Anstieg der Datenmengen geführt. Unternehmen stehen vor der Herausforderung, diese Daten effektiv zu nutzen, um wertvolle Erkenntnisse zu gewinnen und fundierte Entscheidungen zu treffen. In diesem Zusammenhang hat sich das Konzept des "Daten als Service" (Data as a Service, DaaS) als eine vielversprechende Lösung etabliert.

Daten als Service bezeichnet einen Ansatz, bei dem Daten als eigenständiges Produkt betrachtet und über eine Serviceplattform bereitgestellt werden. Dabei können Unternehmen und Individuen auf diese Daten zugreifen, sie nutzen und verarbeiten, ohne die zugrunde liegende Infrastruktur oder Datenspeicherung selbst verwalten zu müssen. DaaS ermöglicht es, Daten flexibel und effizient zu nutzen, ohne umfangreiche Investitionen in Hardware, Software oder Expertise tätigen zu müssen.

Ein wesentliches Merkmal von DaaS ist die Möglichkeit des externen Datenzugriffs über APIs (Application Programming Interfaces). Unternehmen, die Daten als Service anbieten, stellen spezifische APIs bereit, über die Nutzer auf die gewünschten Daten zugreifen können. Dieser Zugriff kann in Echtzeit erfolgen, was eine aktuelle und kontinuierliche Nutzung der Daten ermöglicht.

Ein weiterer wichtiger Aspekt von DaaS ist die Datenqualität. Die Anbieter von Daten als Service sind dafür verantwortlich sicherzustellen, dass die bereitgestellten Daten von hoher Qualität sind. Dies umfasst Aspekte wie Daten-Validierung, Datenbereinigung und -normalisierung sowie die Einhaltung von Datenschutz- und Sicherheitsstandards. Durch die Auslagerung dieser Aufgaben an den DaaS-Anbieter können Unternehmen sicher sein, dass sie auf qualitativ hochwertige Daten zugreifen, was die Zuverlässigkeit und Genauigkeit ihrer Analysen und Entscheidungen verbessert.

DaaS bietet eine Vielzahl von Vorteilen für Unternehmen. Erstens ermöglicht es eine schnellere und kostengünstigere Entwicklung von datenbasierten Anwendungen und Diensten. Unternehmen können auf vorhandene Datenquellen zurückgreifen, anstatt ihre eigenen Datensätze aufzubauen, was Zeit und Ressourcen spart. Zweitens erlaubt DaaS eine bessere Skalierbarkeit und Flexibilität. Unternehmen können die Menge und den Umfang der genutzten Daten je nach Bedarf anpassen, ohne in zusätzliche Infrastruktur investieren zu müssen. Drittens fördert DaaS die Zusammenarbeit und den Wissensaustausch. Durch den einfachen Zugriff auf gemeinsam genutzte Daten können Unternehmen mit Partnern, Lieferanten oder Kunden effektiver zusammenarbeiten und Erkenntnisse teilen.

Dennoch gibt es auch Herausforderungen und Bedenken im Zusammenhang mit Daten als Service. Ein wichtiges Anliegen ist die Sicherheit und der Schutz sensibler Daten. Unternehmen müssen sicherstellen, dass die über DaaS bereitgestellten

Daten angemessen geschützt sind und dass die Datenschutzrichtlinien eingehalten werden. Zudem können Abhängigkeiten von externen Datenanbietern entstehen, was Auswirkungen auf die Kontrolle über die eigenen Daten haben kann.

Insgesamt bietet Daten als Service jedoch ein vielversprechendes Konzept, um den wachsenden Anforderungen an die Datenverarbeitung und -nutzung gerecht zu werden. Es ermöglicht Unternehmen den Zugang zu hochwertigen Daten, ohne die Kosten und Komplexität des Aufbaus und der Verwaltung eigener Infrastrukturen zu tragen. DaaS eröffnet neue Möglichkeiten für Daten getriebene Innovationen und unterstützt Unternehmen dabei, wettbewerbsfähig zu bleiben und fundierte Entscheidungen auf Grundlage von Daten zu treffen.

1.1 Definition von Daten als Service

Daten als Service (Data as a Service, DaaS) ist ein Konzept, bei dem Daten als eigenständiges Produkt betrachtet werden und über eine Serviceplattform zur Verfügung gestellt werden. Im Gegensatz zur traditionellen Datenbereitstellung, bei der Unternehmen ihre eigenen Dateninfrastrukturen betreiben, ermöglicht DaaS den Zugriff auf Daten über das Internet, ohne dass die Nutzer die zugrundeliegende Infrastruktur selbst verwalten müssen.

Bei DaaS handelt es sich um einen Outsourcing-Ansatz, bei dem Unternehmen Daten von externen Anbietern beziehen, die die erforderliche Infrastruktur, Datenspeicherung und -verarbeitung bereitstellen. Die Daten werden über spezifische APIs (Application Programming Interfaces) zugänglich gemacht, die es den Nutzern ermöglichen, auf die gewünschten Daten zuzugreifen und sie in ihren eigenen Anwendungen zu verwenden.

Ein zentrales Merkmal von DaaS ist die Abstraktion der Dateninfrastruktur. Anstatt in teure Hardware und Software investieren zu müssen, können Unternehmen auf externe Dienstleister zurückgreifen, die die Dateninfrastruktur bereitstellen und betreiben. Dies ermöglicht es den Unternehmen, sich auf ihre Kernkompetenzen zu konzentrieren, während sie dennoch Zugriff auf die benötigten Daten haben.

DaaS umfasst verschiedene Arten von Daten, einschließlich strukturierter und unstrukturierter Daten. Strukturierte Daten umfassen beispielsweise Tabellen mit Zahlen und Fakten, während unstrukturierte Daten beispielsweise Texte, Bilder oder Videos sein können. DaaS kann auch Daten aus unterschiedlichen Quellen kombinieren und bereitstellen, um umfassendere Einblicke und Analysen zu ermöglichen.

Ein wichtiger Aspekt von DaaS ist die Datenqualität. Die Anbieter von DaaS sind dafür verantwortlich, sicherzustellen, dass die bereitgestellten Daten von hoher Qualität sind. Dies beinhaltet die Daten-Validierung, -bereinigung und -normalisierung, um sicherzustellen, dass die Daten konsistent und zuverlässig sind. Die Einhaltung von Datenschutz- und Sicherheitsstandards ist ebenfalls von großer Bedeutung, um die Vertraulichkeit und Integrität der Daten zu gewährleisten.

DaaS bietet eine Reihe von Vorteilen. Erstens ermöglicht es Unternehmen, schnell auf aktuelle und umfangreiche Daten zuzugreifen, ohne umfangreiche interne Dateninfrastrukturen aufbauen zu müssen. Zweitens ermöglicht es eine bessere Skalierbarkeit, da Unternehmen die Datenmengen je nach Bedarf anpassen können, ohne in zusätzliche Hardware investieren zu müssen. Drittens fördert es die Zusammenarbeit, da Daten über eine Plattform geteilt und gemeinsam genutzt werden können.

Es gibt jedoch auch Herausforderungen im Zusammenhang mit DaaS. Eine davon ist die Sicherheit der Daten. Unternehmen müssen sicherstellen, dass die über DaaS bereitgestellten Daten angemessen geschützt sind und dass Datenschutz-richtlinien eingehalten werden. Zudem kann die Abhängigkeit von externen Datenanbietern zu Bedenken hinsichtlich der Kontrolle über die eigenen Daten führen.

Insgesamt bietet Daten als Service Unternehmen die Möglichkeit, von externen Datenquellen zu profitieren, ohne die Kosten und Komplexität des Aufbaus und Betriebs eigener Infrastrukturen zu tragen. Durch den Zugriff auf hochwertige und aktuelle Daten können Unternehmen fundierte Entscheidungen treffen, Innovationen vorantreiben und Wettbewerbsvorteile erzielen.

1.2 Bedeutung und Nutzen von Daten als Service

Die Bedeutung von Daten als Service (Data as a Service, DaaS) liegt in der Fähigkeit, Unternehmen den Zugang zu wertvollen Informationen zu erleichtern, ohne dass sie selbst umfangreiche Dateninfrastrukturen aufbauen und betreiben müssen. DaaS bietet eine effiziente Lösung für Unternehmen, um auf eine breite Palette von Daten zuzugreifen und diese zu nutzen, um fundierte Entscheidungen zu treffen und Innovationen voranzutreiben.

Ein bedeutender Nutzen von DaaS besteht in der beschleunigten Entwicklung und Bereitstellung datenbasierter Anwendungen und Dienste. Indem Unternehmen auf externe Datenquellen zugreifen, können sie schnell auf eine Fülle von Informationen zugreifen und diese in ihre eigenen Produkte oder Services integrieren. Dies spart nicht nur Zeit, sondern ermöglicht es Unternehmen auch, ihren Kunden schnellere und bessere Lösungen anzubieten.

DaaS bietet zudem eine verbesserte Skalierbarkeit und Flexibilität. Unternehmen können die Datenmengen je nach Bedarf anpassen, ohne in zusätzliche Infrastruktur investieren zu müssen. Dies ermöglicht es Unternehmen, schnell auf steigende Anforderungen oder geänderte Geschäftssituationen zu reagieren, ohne dass sie durch begrenzte Ressourcen eingeschränkt werden.

Ein weiterer Nutzen von DaaS liegt in der verbesserten Zusammenarbeit und dem Wissensaustausch. Indem Daten über eine zentrale Plattform bereitgestellt werden, können Unternehmen einfacher Informationen teilen und gemeinsam nutzen. Dies fördert die Zusammenarbeit mit Partnern, Lieferanten und Kunden, da relevante Daten nahtlos ausgetauscht und gemeinsam genutzt werden können.

DaaS bietet auch Vorteile in Bezug auf die Datenqualität und -validierung. Da Anbieter von DaaS für die Bereitstellung der Daten verantwortlich sind, müssen sie sicherstellen, dass die Daten von hoher Qualität sind und den geltenden Standards entsprechen. Dies trägt zur Zuverlässigkeit und Genauigkeit der Daten bei und unterstützt Unternehmen dabei, verlässliche Analysen und Entscheidungen zu treffen.

Darüber hinaus ermöglicht DaaS Unternehmen den Zugang zu Daten, auf die sie normalerweise keinen Zugriff hätten. Externe Datenanbieter können spezialisierte Datenquellen bereitstellen, die spezifisches Wissen und Einblicke bieten. Indem Unternehmen auf diese Daten zugreifen können, eröffnen sich neue Möglichkeiten für die Geschäftsentwicklung, Marktforschung und strategische Planung.

Trotz dieser Vorteile gibt es jedoch auch Herausforderungen im Zusammenhang mit DaaS. Eine zentrale Herausforderung besteht in der Sicherheit und dem Schutz der Daten. Unternehmen müssen sicherstellen, dass die über DaaS bereitgestellten Daten angemessen geschützt sind, um die Vertraulichkeit und Integrität der Informationen zu gewährleisten.

Zusammenfassend kann gesagt werden, dass Daten als Service eine bedeutende Rolle bei der effektiven Nutzung von Informationen spielt. Durch den Zugriff auf eine breite Palette von Datenquellen können Unternehmen fundierte Entscheidungen treffen, Innovationen vorantreiben und Wettbewerbsvorteile erzielen. Die Vorteile von DaaS liegen in der beschleunigten Entwicklung datenbasierter Lösungen, der verbesserten Skalierbarkeit und Flexibilität, der Förderung der Zusammenarbeit und dem Zugang zu hochwertigen Daten. Unternehmen müssen jedoch sicherstellen, dass angemessene Sicherheitsvorkehrungen getroffen werden, um die Vertraulichkeit und Integrität der Daten zu schützen.

Kapitel 2: Arten von Daten als Service

Im Rahmen von Daten als Service (Data as a Service, DaaS) gibt es verschiedene Arten von Daten, die Unternehmen nutzen können, um ihre Geschäftsprozesse zu verbessern und datenbasierte Entscheidungen zu treffen. Jede Art von Daten bietet spezifische Informationen und Einsichten, die für verschiedene Anwendungsbereiche relevant sind. Im Folgenden werden einige der gängigsten Arten von Daten als Service näher erläutert.

1. Strukturierte Daten:
   Strukturierte Daten sind Daten, die in einer tabellarischen Form vorliegen und in Zeilen und Spalten organisiert sind. Sie werden häufig in Datenbanken verwendet und enthalten klar definierte Felder und Datentypen. Beispiele für strukturierte Daten sind Kundendaten, Bestellungen, Finanzdaten und Inventarinformationen. Durch den Zugriff auf strukturierte Daten als Service können Unternehmen schnell auf relevante Informationen zugreifen und Analysen durchführen, um fundierte Geschäftsentscheidungen zu treffen.

2. Unstrukturierte Daten:
   Im Gegensatz zu strukturierten Daten sind unstrukturierte Daten nicht in einem festen Format organisiert. Sie können Texte, Bilder, Videos, E-Mails, Social-Media-Beiträge und andere nicht-tabellarische Formate umfassen. Unstrukturierte Daten sind in

der heutigen digitalen Welt weit verbreitet und bieten wertvolle Einblicke in Kundenpräferenzen, Markttrends und Verbraucherverhalten. Durch den Zugriff auf unstrukturierte Daten als Service können Unternehmen Informationen extrahieren, Muster erkennen und Erkenntnisse gewinnen, die ihre Geschäftsstrategien verbessern können.

3. Geodaten:
   Geodaten sind geografische Daten, die Informationen über geografische Standorte und Attribute enthalten. Sie umfassen beispielsweise Längen- und Breitengrade, Adressen, Postleitzahlen und topografische Informationen. Geodaten werden in verschiedenen Branchen wie Logistik, Immobilien, Einzelhandel und Tourismus eingesetzt. Durch den Zugriff auf Geodaten als Service können Unternehmen Standortanalysen durchführen, Zielgruppen geografisch segmentieren und fundierte Entscheidungen über Vertrieb, Standortplanung und Marketing treffen.

4. Echtzeitdaten:
   Echtzeitdaten sind Informationen, die unmittelbar nach ihrer Erfassung verfügbar sind. Sie bieten Unternehmen die Möglichkeit, auf aktuelle Ereignisse und Trends zu reagieren und ihre Entscheidungsprozesse zu optimieren. Echtzeitdaten können beispielsweise aus Sensoren, Überwachungssystemen, Social-Media-Feeds oder Finanz-

märkten stammen. Durch den Zugriff auf
Echtzeitdaten als Service können Unternehmen schnelle Analysen durchführen,
um in Echtzeit auf sich ändernde Bedingungen zu reagieren und Wettbewerbsvorteile zu erzielen.

5. Branchenspezifische Daten:
   Jede Branche hat spezifische Datenanfor-
   derungen und -quellen. Beispielsweise benötigt die Gesundheitsbranche medizinische Daten und Patientenakten, während
   die Finanzbranche Finanzmarktindikatoren
   und Transaktionsdaten nutzt. Andere Branchen wie Energie, Bildung, Landwirtschaft
   und Versicherungen haben ebenfalls spezifische Datenbedürfnisse. Durch den Zugriff
   auf branchenspezifische Daten als Service
   können Unternehmen auf hochwertige,
   spezialisierte Informationen zugreifen, die
   für ihre Geschäftsprozesse und strategischen Entscheidungen von entscheidender
   Bedeutung sind.

Die Wahl der geeigneten Art von Daten als Service
hängt von den spezifischen Anforderungen und
Zielen eines Unternehmens ab. Unternehmen sollten ihre Datenbedürfnisse identifizieren, um die
passende Art von DaaS zu wählen, die ihnen den
größten Nutzen bietet und ihre geschäftlichen Anforderungen erfüllt. Durch den intelligenten Einsatz von Daten als Service können Unternehmen
ihre Effizienz steigern, bessere Entscheidungen
treffen und sich einen Wettbewerbsvorteil ver-
schaffen.

2.1 Rohdaten: Bereitstellung von unbearbeiteten Daten für Kunden

Bei der Bereitstellung von Daten als Service (Data as a Service, DaaS) haben Kunden oft die Möglichkeit, Rohdaten zu erhalten. Rohdaten sind unbearbeitete und unverarbeitete Daten, die direkt aus den Quellen stammen, ohne jegliche Transformation oder Formatierung.

Die Bereitstellung von Rohdaten ermöglicht es Kunden, die volle Kontrolle über den Datenverarbeitungsprozess zu haben. Sie erhalten Zugang zu den Daten in ihrer ursprünglichen Form, ohne dass bereits bestimmte Analysen oder Filter angewendet wurden. Kunden können die Rohdaten nach ihren eigenen Anforderungen und Zielen analysieren und interpretieren.

Der Vorteil der Bereitstellung von Rohdaten liegt in der Flexibilität und Individualisierung. Kunden können die Daten gemäß ihren spezifischen Analysemethoden und Algorithmen verarbeiten und anpassen. Dadurch haben sie die Möglichkeit, tiefergehende Einblicke zu gewinnen und spezifische Muster oder Zusammenhänge zu entdecken, die für ihr Geschäft relevant sind.

Die Bereitstellung von Rohdaten kann jedoch auch Herausforderungen mit sich bringen. Da die Daten in ihrer ursprünglichen Form vorliegen, können sie unstrukturiert und inkonsistent sein. Kunden müssen daher über ausreichende Datenverarbeitungsfähigkeiten und -ressourcen verfügen, um die Rohdaten zu bereinigen, zu transformieren und in eine verwendbare Form zu bringen.

Die Bereitstellung von Rohdaten erfordert auch eine enge Zusammenarbeit zwischen dem Datenanbieter und dem Kunden. Der Datenanbieter muss sicherstellen, dass die Rohdaten in einer verständlichen und zugänglichen Weise bereitgestellt werden, und möglicherweise Metadaten oder Dokumentation zur Verfügung stellen, um den Kunden bei der Interpretation und Nutzung der Daten zu unterstützen.

Für Kunden, die über die erforderlichen Ressourcen und das technische Know-how verfügen, können Rohdaten eine wertvolle Quelle sein, um ihre datengetriebenen Strategien umzusetzen. Sie haben die Freiheit, ihre eigenen Analysen und Modelle zu entwickeln und die Daten nach ihren eigenen Bedürfnissen zu interpretieren.

Jedoch sollten Kunden bedenken, dass die Verarbeitung von Rohdaten zeitaufwändig und ressourcenintensiv sein kann. Es erfordert Fachwissen und Analysefähigkeiten, um die relevanten Informationen zu extrahieren und aussagekräftige Ergebnisse zu erzielen. Daher ist es wichtig, die Kosten und den Nutzen sorgfältig abzuwägen, bevor man sich für die Bereitstellung von Rohdaten entscheidet.

Insgesamt bietet die Bereitstellung von Rohdaten als Teil von DaaS Kunden die Möglichkeit, den vollständigen Zugriff und die Kontrolle über die Daten zu haben. Es eröffnet ihnen die Möglichkeit, ihre eigene Datenverarbeitung durchzuführen und tiefergehende Einblicke zu gewinnen. Gleichzeitig erfordert die Verarbeitung von Rohdaten technisches Know-how und Ressourcen, die nicht für alle Kunden verfügbar sein können.

2.2 Datenanalyse: Bereitstellung von analysierten und interpretierten Daten

Neben der Bereitstellung von Rohdaten als Service bieten Anbieter von Daten als Service (Data as a Service, DaaS) auch die Möglichkeit, analysierte und interpretierte Daten anzubieten. Bei dieser Art der Datenbereitstellung werden die Rohdaten durch statistische Analysen, Algorithmen und Modelle verarbeitet, um wertvolle Einblicke und Erkenntnisse zu gewinnen.

Die Bereitstellung von analysierten und interpretierten Daten bietet den Kunden den Vorteil, dass sie nicht selbst umfangreiche Datenanalysen durchführen müssen. Anstatt Zeit und Ressourcen für die Datenverarbeitung aufzuwenden, erhalten sie bereits verarbeitete Daten, die relevante Informationen und Erkenntnisse enthalten.

Die Datenanalyse kann verschiedene Formen annehmen, je nach den Bedürfnissen der Kunden und den Zielen des Datenanbieters. Dabei können unterschiedliche statistische Methoden, maschinelle Lernalgorithmen und Datenvisualisierungstechniken zum Einsatz kommen.

Die analysierten und interpretierten Daten können verschiedene Aspekte umfassen, wie zum Beispiel:

1. Zusammenfassungen und Aggregationen: Die Daten können aggregiert und zusammengefasst werden, um einen Überblick über bestimmte Merkmale

oder Trends zu geben. Dies kann beispielsweise die Summe von Umsätzen
nach Regionen, Durchschnittswerte von
Kundenbewertungen oder Anzahl der
Verkäufe nach Produktkategorien umfassen.

2. Vorhersagen und Prognosen: Basierend
   auf historischen Daten und statistischen Modellen können Vorhersagen
   und Prognosen für zukünftige Ereignisse oder Trends generiert werden. Das
   kann beispielsweise die Vorhersage von
   Verkaufszahlen, Marktprognosen oder
   Kundenverhalten umfassen.

3. Mustererkennung und Segmentierung:
   Durch die Anwendung von Datenanalysetechniken können Muster und Zusammenhänge in den Daten identifiziert werden. Dies ermöglicht eine Segmentierung der Kundenbasis nach bestimmten Merkmalen oder Verhaltens-
   weisen, um gezielte Marketingstrategi-
   en umzusetzen oder personalisierte Angebote zu erstellen.

4. Visualisierung und Berichterstattung:
   Die analysierten Daten können in an-
   sprechenden visuellen Darstellungen
   und Berichten präsentiert werden. Das
   ermöglicht den Kunden, die Ergebnisse
   schnell zu erfassen und Entscheidungen
   auf Grundlage der Daten zu treffen.

Die Bereitstellung von analysierten und interpretierten Daten kann für Kunden von Vorteil sein, die sofortige Erkenntnisse und Handlungsempfehlungen benötigen, ohne selbst umfangreiche Datenanalysen durchführen zu müssen. Die Kunden können die bereitgestellten Daten nutzen, um fundierte Entscheidungen zu treffen, Geschäftsstrategien anzupassen und Wettbewerbsvorteile zu erzielen.

Es ist jedoch wichtig zu beachten, dass die analysierten und interpretierten Daten auf den Algorithmen und Modellen des Datenanbieters basieren. Kunden sollten daher die verwendeten Analysemethoden verstehen und deren Einschränkungen und Unsicherheiten berücksichtigen. Zusätzlich kann es für Kunden von Vorteil sein, die bereitgestellten Daten mit eigenen internen Daten zu kombinieren, um eine umfassendere Analyse und Interpretation durchzuführen.

Insgesamt bietet die Bereitstellung von analysierten und interpretierten Daten als Teil von DaaS den Kunden einen schnellen Zugriff auf wertvolle Erkenntnisse, die auf umfangreicher Datenverarbeitung basieren. Es ermöglicht ihnen, die Komplexität der Datenanalyse zu umgehen und direkt auf aussagekräftige Informationen zuzugreifen, um ihre geschäftlichen Ziele zu erreichen.

2.3 Data Warehousing: Bereitstellung von großen Datenmengen für Kunden

Eine weitere Art der Datenbereitstellung als Service (Data as a Service, DaaS) ist das Data Warehousing. Dabei werden große Datenmengen gesammelt, organisiert und für Kunden zugänglich gemacht. Das Data Warehouse fungiert als zentrale Datenbank, in der verschiedene Datenquellen zusammengeführt werden, um eine umfassende und konsistente Datenbasis bereitzustellen.

Das Data Warehousing bietet den Kunden den Vorteil, auf umfangreiche und vielfältige Datenbestände zuzugreifen, die für ihre Analyse- und Berichterstattungsanforderungen relevant sind. Es ermöglicht ihnen, Daten aus verschiedenen Quellen und in unterschiedlichen Formaten effizient zu nutzen, ohne dass sie diese selbst verwalten und integrieren müssen.

Die bereitgestellten Daten im Data Warehouse sind bereits strukturiert und organisiert, was den Kunden die Möglichkeit gibt, schnell und einfach auf die gewünschten Informationen zuzugreifen. Durch die Verwendung von Data-Warehousing-Technologien wie Datenbankmanagementsystemen und Abfragesprachen können Kunden komplexe Abfragen und Analysen durchführen, um Einblicke in die Daten zu gewinnen.

Das Data Warehousing ermöglicht auch die Speicherung großer Datenmengen über einen längeren Zeitraum. Kunden können historische Daten abrufen und vergangene Trends analysieren, um langfristige Muster und Entwicklungen zu identifizieren. Dies ist besonders nützlich für Unternehmen, die auf historische Daten angewiesen sind, um Geschäftsstrategien zu entwickeln und Entscheidungen zu treffen.

Ein weiterer Vorteil des Data Warehousing besteht darin, dass die Daten im Data Warehouse oft in einem sogenannten "Data Mart" organisiert sind. Data Marts sind spezialisierte Datenbereiche, die auf bestimmte Geschäftsbereiche oder Funktionen zugeschnitten sind. Dies ermöglicht den Kunden eine gezielte Datenanalyse und Berichterstattung, die speziell auf ihre Anforderungen zugeschnitten ist.

Beim Data Warehousing ist es wichtig, dass die Datenqualität und Datenintegrität gewährleistet sind. Durch die Konsolidierung verschiedener Datenquellen können Inkonsistenzen und Fehler auftreten. Daher müssen Datenbereinigungstechniken und Datenqualitätsprüfungen angewendet werden, um sicherzustellen, dass die bereitgestellten Daten zuverlässig und vertrauenswürdig sind.

Die Bereitstellung von großen Datenmengen über das Data Warehousing erfordert auch leistungsstarke Infrastrukturen und Ressourcen, um eine schnelle Datenverarbeitung und -abfrage zu ermöglichen. Datenbanktechnologien wie parallele Verarbeitung und Indizierung werden eingesetzt, um die Leistungsfähigkeit des Data Warehouses zu optimieren.

Insgesamt bietet das Data Warehousing Kunden den Zugriff auf umfangreiche und gut organisierte Datenbestände, die für ihre Analyse- und Berichterstattungsbedürfnisse geeignet sind. Es ermöglicht eine effiziente Nutzung von großen Datenmengen und eine gezielte Datenanalyse. Allerdings erfordert das Data Warehousing eine solide Dateninfrastruktur und Datenmanagementfähigkeiten, um sicherzustellen, dass die bereitgestellten Daten von hoher Qualität und Nutzbarkeit sind.

2.4 Data APIs: Bereitstellung von Programmierschnittstellen zur Datenabfrage

Eine weitere wichtige Art der Datenbereitstellung als Service (Data as a Service, DaaS) sind Data APIs (Application Programming Interfaces). Data APIs ermöglichen es Entwicklern und Anwendungen, auf Daten zuzugreifen und sie abzufragen, indem sie eine standardisierte Schnittstelle nutzen. Dabei werden die Daten in einem strukturierten Format bereitgestellt, das für die Maschinenverarbeitung optimiert ist.

Data APIs bieten den Kunden den Vorteil, Daten in Echtzeit abzurufen und in ihre Anwendungen oder Systeme zu integrieren, ohne auf manuelle Datenabfragen oder Dateiübertragungen angewiesen zu sein. Durch die Nutzung von Programmierschnittstellen können sie automatisierte Prozesse implementieren, um auf die benötigten Daten zuzugreifen und sie in Echtzeit zu verarbeiten.

Die bereitgestellten Data APIs sind darauf ausgelegt, eine effiziente Datenabfrage und -manipulation zu ermöglichen. Entwickler können über die APIs spezifische Abfragen definieren, um die benötigten Daten zu filtern, zu aggregieren oder zu transformieren. Dadurch können sie genau die Daten erhalten, die für ihre Anwendungsfälle relevant sind.

Ein weiterer Vorteil von Data APIs besteht darin, dass sie den Kunden Zugriff auf eine breite Palette von Datenquellen und -typen ermöglichen können. Daten können von internen Systemen, externen Datenanbietern oder sogar öffentlichen Datenquellen stammen. Dadurch können Kunden verschiedene Datenquellen kombinieren und in ihren Anwendungen nutzen, um ein umfassendes Bild zu erhalten und datenbasierte Entscheidungen zu treffen.

Die Nutzung von Data APIs bietet auch Flexibilität bei der Datenabfrage. Kunden können ihre Anfragen anpassen und bestimmte Parameter definieren, um die gewünschten Ergebnisse zu erhalten. Sie können beispielsweise Daten nach Zeitintervallen, geografischen Bereichen oder bestimmten Merkmalen filtern.

Ein wichtiger Aspekt bei der Bereitstellung von Data APIs ist die Sicherheit. Die APIs müssen angemessene Sicherheitsmechanismen implementieren, um den Zugriff auf die Daten zu kontrollieren und zu schützen. Dies kann die Authentifizierung und Autorisierung von Benutzern, die Verschlüsselung der Datenübertragung und die Überwachung des API-Zugriffs umfassen.

Data APIs ermöglichen es Kunden, Daten nahtlos in ihre Anwendungen und Systeme zu integrieren und sie in Echtzeit abzurufen und zu verarbeiten. Sie bieten eine effiziente Möglichkeit, auf aktuelle und relevante Daten zuzugreifen, um datengesteuerte Funktionen und Services zu entwickeln.

Allerdings erfordert die Nutzung von Data APIs auch eine gute Dokumentation und Unterstützung seitens des Datenanbieters. Klare Anleitungen und Beispiele sollten bereitgestellt werden, um den

Kunden bei der Nutzung der APIs zu unterstützen und potenzielle Herausforderungen zu überwinden.

Zusammenfassend ermöglichen Data APIs Kunden den Zugriff auf Daten über standardisierte Schnittstellen und erleichtern so die Integration und Verarbeitung von Daten in ihren Anwendungen und Systemen.

Kapitel 3: Vorteile von Daten als Service

Daten als Service (Data as a Service, DaaS) bietet eine Vielzahl von Vorteilen für Unternehmen und Organisationen, die auf datengetriebene Entscheidungen und Prozesse angewiesen sind. Im Folgenden werden einige der wichtigsten Vorteile von DaaS dargelegt:

1. Kosteneffizienz: Durch die Nutzung von DaaS können Unternehmen Kosten für die Dateninfrastruktur und -verwaltung einsparen. Statt teure Hardware und Software zu erwerben und zu warten, können sie auf die Datenressourcen eines DaaS-Anbieters zugreifen und nur für die tatsächlich genutzten Daten bezahlen.

2. Skalierbarkeit: DaaS ermöglicht es Unternehmen, ihre Datenkapazitäten flexibel an ihre Anforderungen anzupassen. Bei Bedarf können sie schnell zusätzliche Datenressourcen hinzufügen oder reduzieren, ohne in teure Hardwareinvestitionen investieren zu müssen.

3. Schneller Datenzugriff: Mit DaaS können Unternehmen schnell auf die benötigten Daten zugreifen, ohne auf interne Datenverarbeitungsprozesse warten zu müssen. Dies ermöglicht es ihnen, zeitkritische Entscheidungen zu treffen und agil auf Marktveränderungen zu reagieren.

4. Datenqualität und -konsistenz: DaaS-An-

bieter legen großen Wert auf Datenqualität und -konsistenz. Sie stellen sicher, dass die bereitgestellten Daten aktuell, zuverlässig und von hoher Qualität sind. Dies ermöglicht es Unternehmen, auf vertrauenswürdige und konsistente Daten zuzugreifen, um fundierte Entscheidungen zu treffen.

5. Aktualität der Daten: DaaS bietet Zugriff auf aktuelle Daten in Echtzeit oder mit minimaler Verzögerung. Unternehmen können so auf aktuelle Markt- und Kundeninformationen zugreifen und ihre Entscheidungsfindung auf dem neuesten Stand halten.

6. Zugang zu vielfältigen Datenquellen: DaaS ermöglicht den Zugriff auf eine breite Palette von Datenquellen, einschließlich internen Datenbeständen, externen Datenanbietern und öffentlich verfügbaren Daten. Dies eröffnet Unternehmen neue Möglichkeiten zur Datenanalyse und zur Identifizierung von Mustern und Trends.

7. Expertise und Unterstützung: DaaS-Anbieter verfügen über Fachwissen in den Bereichen Datenmanagement, Datenanalyse und Datenintegration. Sie können Unternehmen bei der Dateninterpretation und -analyse unterstützen und ihnen dabei helfen, wertvolle Erkenntnisse aus den bereitgestellten Daten zu gewinnen.

8. Fokussierung auf Kernkompetenzen: Durch

die Auslagerung der Datenbereitstellung an DaaS-Anbieter können sich Unternehmen auf ihre Kernkompetenzen konzentrieren und sich auf ihre eigentlichen Geschäftsziele und -aktivitäten konzentrieren.

9. Reduzierung des technischen Aufwands: DaaS-Anbieter übernehmen den technischen Aufwand im Zusammenhang mit Datenmanagement, Datenverarbeitung und Dateninfrastruktur. Unternehmen können sich somit auf die Nutzung der Daten konzentrieren, anstatt sich mit technischen Details auseinandersetzen zu müssen.

10. Agilität und Innovation: DaaS ermöglicht es Unternehmen, agiler zu sein und Innovationen voranzutreiben. Durch den schnellen Zugriff auf aktuelle Daten und die Unterstützung von Experten können sie neue Geschäftsideen entwickeln, neue Märkte erkunden und datenbasierte Produkte und Services bereitstellen.

Zusammenfassend bieten Daten als Service eine Vielzahl von Vorteilen, darunter Kosteneffizienz, Skalierbarkeit, schnellen Datenzugriff, Datenqualität, Aktualität der Daten, Zugang zu vielfältigen Datenquellen, Expertise und Unterstützung, Fokussierung auf Kernkompetenzen, Reduzierung des technischen Aufwands, Agilität und Innovation. Diese Vorteile machen DaaS zu einer attraktiven Option für Unternehmen, die ihre datengetriebenen Aktivitäten verbessern und ihre Wettbewerbsfähigkeit steigern möchten.

3.1 Kostenersparnis: Kunden müssen keine teure Infrastruktur für Datenhaltung aufbauen

Ein großer Vorteil von Daten als Service (Data as a Service, DaaS) besteht in der Kostenersparnis für Kunden. Traditionell war es für Unternehmen mit hohen Kosten verbunden, eine eigene Dateninfrastruktur aufzubauen und zu warten. Dies umfasste den Erwerb von teuren Servern, Speichersystemen und Datenbanklösungen sowie den Einsatz von IT-Personal zur Verwaltung und Wartung dieser Infrastruktur.

Mit DaaS können Kunden diese Kosten vermeiden. Anstatt in teure Hardware und Software zu investieren, können sie auf die Dateninfrastruktur eines DaaS-Anbieters zugreifen und die benötigten Daten als Service nutzen. Die Verantwortung für den Betrieb und die Wartung der Infrastruktur liegt beim Anbieter, während die Kunden nur für den tatsächlichen Datenverbrauch bezahlen.

Durch die Auslagerung der Datenhaltung an einen DaaS-Anbieter können Kunden erhebliche Kosteneinsparungen erzielen. Sie müssen keine Investitionen in Hardware und Software tätigen und können stattdessen ihre finanziellen Ressourcen für andere geschäftskritische Bereiche einsetzen.

Darüber hinaus entfallen auch die laufenden Kosten für den Betrieb und die Wartung der Dateninfrastruktur. Kunden müssen sich keine Gedanken über die Aktualisierung von Servern, die Skalierung von Speichersystemen oder die Sicherung von Datenbanken machen. Diese Aufgaben werden vom DaaS-Anbieter übernommen, der über das erforderliche Fachwissen und die Ressourcen verfügt, um die Dateninfrastruktur effizient zu betreiben.

Ein weiterer Aspekt der Kostenersparnis besteht darin, dass Kunden nur für die tatsächlich genutzten Daten bezahlen. Sie müssen keine hohen Fixkosten für die Bereitstellung und Verwaltung einer umfangreichen Dateninfrastruktur tragen, unabhängig von ihrer tatsächlichen Nutzung. Stattdessen können sie die Kosten direkt an die Nutzung anpassen und skalieren, um die Ausgaben im Einklang mit ihren Anforderungen zu halten.

Darüber hinaus entfallen auch die Personalkosten für spezialisiertes IT-Personal zur Verwaltung der Dateninfrastruktur. Kunden müssen kein eigenes Team von Datenbankadministratoren, Systemingenieuren oder IT-Sicherheitsexperten beschäftigen. Stattdessen können sie auf das Fachwissen und die Expertise des DaaS-Anbieters zurückgreifen, der über das erforderliche Know-how verfügt, um die Dateninfrastruktur effektiv zu betreiben und zu schützen.

Insgesamt bietet DaaS Kunden erhebliche Kostenersparnisse, indem es ihnen ermöglicht, auf eine teure Infrastruktur für Datenhaltung zu verzichten. Durch die Auslagerung der Dateninfrastruktur an einen spezialisierten Anbieter können Unternehmen ihre finanziellen Ressourcen effizienter einsetzen und sich auf ihre Kernkompetenzen konzentrieren, anstatt in teure Hardware, Software und IT-Personal zu investieren.

3.2 Zeitersparnis: Kunden können direkt auf bereitgestellte Daten zugreifen, anstatt sie selbst zu sammeln und zu verarbeiten

Ein weiterer bedeutender Vorteil von Daten als Service (Data as a Service, DaaS) ist die Zeitersparnis für Kunden. Traditionell war es eine zeitaufwendige Aufgabe für Unternehmen, Daten zu sammeln, zu verarbeiten und für die Analyse vorzubereiten. Dieser Prozess umfasste die Datenerhebung aus verschiedenen Quellen, die Integration und Bereinigung der Daten sowie die Durchführung von Analysemethoden, um wertvolle Erkenntnisse zu gewinnen.

Mit DaaS können Kunden diese zeitaufwendigen Schritte umgehen. Anstatt Daten selbst zu sammeln und zu verarbeiten, können sie direkt auf bereitgestellte Daten zugreifen, die bereits in einem nutzbaren Format vorliegen. Der DaaS-Anbieter übernimmt die Aufgabe der Datenbeschaffung, -integration und -aufbereitung, sodass Kunden sofort auf die benötigten Daten zugreifen können, ohne Zeit mit dem Sammeln und Verarbeiten zu verschwenden.

Durch den direkten Zugriff auf bereitgestellte Daten können Kunden ihre Zeit für wertschöpfende Aktivitäten nutzen, anstatt Stunden oder sogar Tage damit zu verbringen, Daten zu sammeln und zu bereinigen. Sie können sich auf die Analyse und Interpretation der Daten konzentrieren, um fundierte Entscheidungen zu treffen und Geschäftsergebnisse zu verbessern.

Ein weiterer Aspekt der Zeitersparnis besteht darin, dass DaaS die Datenaktualität gewährleisten kann. Da der DaaS-Anbieter die Verantwortung für die Datenbereitstellung trägt, können Kunden auf aktuelle Daten in Echtzeit oder mit minimaler Verzögerung zugreifen. Dadurch können sie schnell auf sich ändernde Marktbedingungen oder Kundenbedürfnisse reagieren und ihre Entscheidungsfindung auf dem neuesten Stand halten.

Darüber hinaus bietet DaaS auch den Vorteil der schnellen und einfachen Skalierbarkeit. Wenn Kunden zusätzliche Datenressourcen benötigen, können sie diese oft nahtlos und ohne lange Wartezeiten hinzufügen. Dies ermöglicht es ihnen, ihre Datenanalyse und -verarbeitung zu beschleunigen und ihre Effizienz zu steigern.

Die Zeitersparnis, die DaaS bietet, hat auch Auswirkungen auf die Innovationsfähigkeit von Unternehmen. Durch den schnellen Zugriff auf bereitgestellte Daten und die Unterstützung von DaaS-Anbietern können Unternehmen agiler sein und Innovationen vorantreiben. Sie können neue Produkte und Services schneller entwickeln, neue Marktchancen erkunden und ihre Wettbewerbsfähigkeit steigern.

Zusammenfassend ermöglicht DaaS Kunden eine erhebliche Zeitersparnis, indem sie ihnen den direkten Zugriff auf bereitgestellte Daten ermöglicht. Durch die Umgehung zeitaufwendiger Datensammlungs- und Verarbeitungsprozesse können Unternehmen ihre Ressourcen effizienter nutzen und sich auf die Datenanalyse und Entschei-

dungsfindung konzentrieren. Die schnelle Verfügbarkeit und Aktualität der Daten unterstützt agile
Geschäftsprozesse und fördert die Innovationsfähigkeit von Unternehmen.

3.3 Skalierbarkeit: Daten als Service können an die Bedürfnisse des Kunden angepasst werden

Ein weiterer herausragender Vorteil von Daten als Service (Data as a Service, DaaS) ist die Skalierbarkeit, die es ermöglicht, die Datenlösung an die spezifischen Bedürfnisse des Kunden anzupassen. Traditionell war es für Unternehmen schwierig, ihre Dateninfrastruktur flexibel und effizient an steigende Anforderungen anzupassen. Der Aufbau einer eigenen Infrastruktur erforderte oft umfangreiche Investitionen und erheblichen Aufwand, um zusätzliche Ressourcen hinzuzufügen oder Kapazitäten zu reduzieren.

Mit DaaS können Kunden diese Herausforderungen überwinden. Da die Dateninfrastruktur von einem DaaS-Anbieter verwaltet wird, können Kunden ihre Datenlösung problemlos skalieren, um den aktuellen Bedarf anzupassen. Wenn die Datenmengen wachsen oder zusätzliche Funktionen benötigt werden, können Kunden auf die Ressourcen des DaaS-Anbieters zurückgreifen, um die erforderliche Skalierbarkeit zu gewährleisten.

Die Skalierbarkeit von DaaS kann sich auf verschiedene Aspekte beziehen. Zum einen kann es sich um die Skalierbarkeit der Datenkapazität handeln. Kunden können ihre Datenmenge erhöhen, ohne selbst in zusätzliche Speicherlösungen oder Server investieren zu müssen. Der DaaS-Anbieter kann die erforderliche Kapazität bereitstellen und verwalten, um die steigenden Anforderungen der Kunden zu erfüllen.

Darüber hinaus kann die Skalierbarkeit auch die Leistungsfähigkeit der Dateninfrastruktur umfassen. Wenn Kunden auf komplexe Analyseverfahren, maschinelles Lernen oder Big-Data-Verarbeitung angewiesen sind, kann die Skalierbarkeit von DaaS eine schnelle und effiziente Verarbeitung dieser Anforderungen ermöglichen. Der DaaS-Anbieter kann die erforderliche Rechenleistung und Speicherressourcen bereitstellen, um eine optimale Performance zu gewährleisten.

Ein weiterer Aspekt der Skalierbarkeit betrifft die Anpassungsfähigkeit an unterschiedliche Datentypen und Datenformate. Kunden können verschiedene Arten von Daten integrieren, unabhängig von ihrer Struktur, ihrem Format oder ihrer Quelle. Die Dateninfrastruktur des DaaS-Anbieters kann flexibel an die Vielfalt der Daten angepasst werden, was den Kunden ermöglicht, eine breite Palette von Datenquellen zu nutzen und von einer umfassenden Datenanalyse zu profitieren.

Die Skalierbarkeit von DaaS bietet Unternehmen die Flexibilität, ihre Dateninfrastruktur nach Bedarf anzupassen, ohne die Komplexität und die Kosten des Aufbaus und der Verwaltung einer eigenen Infrastruktur. Es ermöglicht ihnen, ihre Ressourcen effizient einzusetzen und schnell auf sich ändernde Anforderungen zu reagieren.

Darüber hinaus unterstützt die Skalierbarkeit von DaaS auch das Wachstum von Unternehmen. Wenn Unternehmen expandieren und neue Märkte erschließen, können sie ihre Datenlösung nahtlos skalieren, um mit den steigenden Anforderungen

Schritt zu halten. Dies erleichtert die Skalierung des Geschäfts und ermöglicht es Unternehmen, ihre datengetriebenen Strategien erfolgreich umzusetzen.

Zusammenfassend ermöglicht die Skalierbarkeit von DaaS eine flexible Anpassung der Dateninfrastruktur an die spezifischen Bedürfnisse des Kunden. Kunden können ihre Datenkapazität, Leistungsfähigkeit und die Unterstützung verschiedener Datentypen skalieren, um ihre Geschäftsanforderungen zu erfüllen. Die Skalierbarkeit von DaaS bietet Unternehmen die erforderliche Agilität und Ressourceneffizienz, um erfolgreich in einer datengetriebenen Welt zu agieren.

3.4 Aktualität: Aktualisierte Daten stehen sofort zur Verfügung

Ein weiterer bedeutender Vorteil von Daten als Service (Data as a Service, DaaS) ist die Aktualität der bereitgestellten Daten. In der heutigen schnelllebigen Geschäftswelt ist es von entscheidender Bedeutung, über aktuelle und zeitnahe Informationen zu verfügen, um fundierte Entscheidungen treffen zu können. Mit DaaS haben Kunden direkten Zugriff auf aktualisierte Daten, die sofort verfügbar sind.

Traditionell war es eine Herausforderung, Daten in Echtzeit zu erfassen, zu verarbeiten und zu analysieren. Unternehmen mussten oft lange Wartezeiten in Kauf nehmen, um ihre Datenbanken zu aktualisieren und auf die neuesten Informationen zuzugreifen. Dies konnte zu Verzögerungen bei der Entscheidungsfindung und zu veralteten Erkenntnissen führen.

Mit DaaS gehört dieses Problem der Vergangenheit an. Die Dateninfrastruktur des DaaS-Anbieters ermöglicht es, Daten in Echtzeit zu erfassen und zu verarbeiten. Das bedeutet, dass Kunden stets auf die aktuellsten Informationen zugreifen können, ohne auf manuelle Aktualisierungen oder zeitaufwändige Prozesse warten zu müssen.

Die Aktualität von DaaS kann in verschiedenen Anwendungsfällen von großem Nutzen sein. Zum Beispiel im E-Commerce-Bereich können Unternehmen ständig aktualisierte Informationen zu Produktbeständen, Preisen und Kundendaten nutzen, um effektive Verkaufsstrategien zu entwickeln und auf dem Markt wettbewerbsfähig zu bleiben.

Auch im Finanzsektor ist die Aktualität der Daten entscheidend. Banken und Finanzinstitute können Echtzeitdaten nutzen, um Risiken zu bewerten, Investitionsentscheidungen zu treffen und Betrug zu erkennen. Durch den direkten Zugriff auf aktuelle Marktdaten können sie schnell auf Veränderungen reagieren und fundierte Geschäftsentscheidungen treffen.

Darüber hinaus profitieren auch Unternehmen im Bereich der Analytik von der Aktualität von DaaS. Wenn sie auf ständig aktualisierte Daten zugreifen können, können sie Echtzeitanalysen durchführen und wichtige Einblicke gewinnen, die es ihnen ermöglichen, schnell auf Markttrends zu reagieren und Wettbewerbsvorteile zu erlangen.

Die Aktualität von DaaS ermöglicht es Unternehmen, immer auf dem neuesten Stand zu sein und sich schnell an Veränderungen anzupassen. Sie können die Daten nutzen, um ihre Entscheidungsprozesse zu optimieren, Innovationen voranzutreiben und Wettbewerbsvorteile zu erlangen.

Zusammenfassend lässt sich sagen, dass die Aktualität von DaaS es Unternehmen ermöglicht, sofort auf aktualisierte Daten zuzugreifen, ohne Verzögerungen oder manuelle Aktualisierungen in Kauf nehmen zu müssen. Dies ermöglicht eine schnellere Entscheidungsfindung, eine bessere Reaktion auf Veränderungen und eine effektivere

Nutzung von Daten für strategische Zwecke. Die Aktualität von DaaS trägt dazu bei, dass Unternehmen stets auf dem neuesten Stand sind und in einer dynamischen Geschäftswelt erfolgreich agieren können.

4. Anwendungsfälle von Daten als Service

Daten als Service (Data as a Service, DaaS) bietet eine Vielzahl von Anwendungsfällen, in denen Unternehmen von den Vorteilen dieser Datenbereitstellung profitieren können. Im Folgenden werden einige typische Anwendungsfälle von DaaS näher betrachtet.

Ein häufiger Anwendungsfall von DaaS ist die Integration von externen Datenquellen. Unternehmen können auf eine breite Palette von Datenquellen zugreifen, darunter Regierungsdaten, Marktdaten, soziale Medien und viele mehr. Durch die Integration dieser externen Daten können Unternehmen umfassendere Analysen durchführen und Einblicke gewinnen, die sie bei strategischen Entscheidungen unterstützen.

Ein weiterer Anwendungsfall von DaaS liegt in der personalisierten Kundenkommunikation. Unternehmen können Kundendaten nutzen, um personalisierte Inhalte und Empfehlungen anzubieten. Durch die Verwendung von DaaS können sie aktuelle Kundeninformationen abrufen und diese in Echtzeit in ihre Kommunikationskanäle integrieren, um eine maßgeschneiderte Erfahrung zu schaffen.

Im Bereich des Risikomanagements kann DaaS Unternehmen dabei unterstützen, Risikomodelle zu verbessern und präzisere Vorhersagen zu treffen. Indem sie auf umfangreiche Datenquellen zugreifen, können Unternehmen Risiken besser bewerten und mögliche Bedrohungen frühzeitig erkennen.

DaaS kann auch bei der Entwicklung von Business Intelligence-Lösungen von großem Nutzen sein. Unternehmen können auf umfassende Datenbanken zugreifen, um Analysen und Berichte zu erstellen, die ihnen wertvolle Erkenntnisse liefern und Entscheidungen auf Datenbasis unterstützen.

Ein weiterer Anwendungsfall von DaaS liegt im Bereich des Internet of Things (IoT). Durch die Integration von IoT-Daten mit DaaS können Unternehmen Echtzeitinformationen über Geräte- und Sensordaten nutzen, um Prozesse zu optimieren, Wartungsbedarf vorherzusagen und operative Effizienz zu verbessern.

In der Marketingbranche können Unternehmen DaaS nutzen, um Zielgruppenanalysen durchzuführen und gezielte Marketingkampagnen zu entwickeln. Durch den Zugriff auf umfangreiche Kundendaten können Unternehmen das Verhalten ihrer Zielgruppen besser verstehen und Marketingstrategien entsprechend anpassen.

Auch im Gesundheitswesen gibt es Anwendungsfälle für DaaS. Unternehmen können auf medizinische Daten zugreifen, um Forschung und Entwicklung zu unterstützen, personalisierte Medizin zu fördern und die Patientenversorgung zu verbessern.

Diese Anwendungsfälle sind nur einige Beispiele für die vielfältigen Möglichkeiten von DaaS. Jedes Unternehmen kann DaaS entsprechend seinen individuellen Anforderungen nutzen und maßgeschneiderte Lösungen entwickeln, um Daten effektiv zu nutzen und geschäftlichen Mehrwert zu generieren.

Insgesamt eröffnen die Anwendungsfälle von DaaS Unternehmen neue Möglichkeiten, um Daten zu nutzen, Geschäftsprozesse zu optimieren und fundierte Entscheidungen zu treffen. Die Vielseitigkeit von DaaS ermöglicht es Unternehmen, Daten effizienter zu nutzen und Wettbewerbsvorteile zu erlangen, unabhängig von ihrer Branche oder Größe.

4.1 - Business Intelligence: Unternehmen können Daten nutzen, um bessere Entscheidungen zu treffen und Trends zu identifizieren.

Im heutigen wettbewerbsintensiven Geschäftsumfeld ist es für Unternehmen entscheidend, fundierte Entscheidungen zu treffen und Trends frühzeitig zu erkennen. Hier kommt Business Intelligence (BI) ins Spiel, und Daten als Service (DaaS) spielt dabei eine wichtige Rolle.

Durch die Bereitstellung von Daten als Service können Unternehmen auf umfangreiche Datenbanken zugreifen, die eine Vielzahl von Informationen enthalten. Diese Daten können aus verschiedenen Quellen stammen, wie internen Unternehmensdaten, externen Marktdaten, Kundendaten und mehr. Durch die Zusammenführung und Analyse dieser Daten können Unternehmen wertvolle Erkenntnisse gewinnen.

Der Einsatz von BI-Tools ermöglicht es Unternehmen, Daten zu visualisieren und in aussagekräftige Berichte und Dashboards umzuwandeln. Dadurch können sie komplexe Informationen auf einen Blick erfassen und verstehen. Mit DaaS können Unternehmen diese BI-Tools mit aktuellen und relevanten Daten versorgen, sodass sie stets auf dem neuesten Stand sind und ihre Entscheidungen auf verlässlichen Informationen basieren können.

Durch die Analyse von Daten können Unternehmen auch Trends identifizieren, die auf dem Markt auftreten. Sie können beispielsweise Umsatzmuster erkennen, saisonale Schwankungen analysieren, das Verhalten von Kunden verstehen und Nachfrage-Prognosen erstellen. Diese Erkenntnisse ermöglichen es Unternehmen, ihre Strategien anzupassen und ihre Wettbewerbsfähigkeit zu stärken.

Ein weiterer Vorteil von BI mit DaaS ist die Möglichkeit, Daten aus verschiedenen Quellen zu integrieren. Unternehmen können interne und externe Daten kombinieren, um ein umfassenderes Bild zu erhalten. Zum Beispiel können sie ihre Verkaufsdaten mit Marktdaten verknüpfen, um den Erfolg ihrer Produkte im Vergleich zur Konkurrenz zu bewerten. Diese integrierten Daten bieten Einblicke, die sonst möglicherweise verborgen geblieben wären.

Durch den Einsatz von BI-Tools und DaaS können Unternehmen auch ihre Geschäftsprozesse überwachen und optimieren. Sie können beispielsweise Key Performance Indicators (KPIs) festlegen und mithilfe von Datenanalysen den Fortschritt verfolgen. Dadurch können sie Engpässe identifizieren, Effizienzsteigerungen vornehmen und ihre Betriebsabläufe verbessern.

Insgesamt ermöglicht die Kombination von BI und DaaS Unternehmen, datengesteuerte Entscheidungen zu treffen, die auf einem umfassenden Verständnis ihrer Geschäftsdaten basieren. Sie können Trends identifizieren, Chancen erkennen und ihre Wettbewerbsposition stärken. Durch die Nutzung von Daten als Service können Unternehmen das volle Potenzial ihrer Daten ausschöpfen

und einen Mehrwert für ihr Unternehmen schaffen.

4.2 - Finanzdienstleistungen: Banken und Finanzinstitutionen können auf Finanzdaten als Service
zugreifen, um Risiken zu bewerten und Analysen
durchzuführen.

In der Welt der Finanzdienstleistungen sind präzise und zeitnahe Informationen von entscheidender Bedeutung. Banken und Finanzinstitutionen
müssen Risiken bewerten, Markttrends verstehen
und fundierte Investitionsentscheidungen treffen.
Daten als Service (DaaS) bietet eine wertvolle Lösung, um auf Finanzdaten zuzugreifen und diese
effektiv zu nutzen.

Durch den Zugriff auf Finanzdaten als Service
können Banken und Finanzinstitutionen auf eine
breite Palette von Datenquellen zurückgreifen.
Diese Datenquellen umfassen historische und aktuelle Finanzmarktdaten, Unternehmensberichte,
volkswirtschaftliche Indikatoren, Kreditdaten und
vieles mehr. Durch die Integration dieser Daten in
ihre Analyseprozesse können sie umfassende Einblicke gewinnen.

Ein wichtiger Aspekt für Banken und Finanzinstitutionen ist die Bewertung von Risiken. DaaS ermöglicht es ihnen, auf Echtzeitdaten zuzugreifen,
um Risikomodelle zu erstellen und die Auswirkungen verschiedener Szenarien zu bewerten. Sie
können beispielsweise Kreditrisiken bewerten,
Marktvolatilität analysieren und Stress-Tests
durchführen. Diese Informationen helfen ihnen,
ihre Portfolios zu optimieren und Risiken zu minimieren.

Darüber hinaus ermöglicht DaaS den Finanz-
dienstleistern, umfangreiche Analysen durchzuführen. Sie können komplexe Finanzmodelle entwickeln, historische Daten analysieren und Prognosen erstellen. Diese Analysen helfen ihnen,
Marktchancen zu identifizieren, Rendite-Risi-
ko-Profile zu optimieren und Anlagestrategien zu
entwickeln.

Ein weiterer Anwendungsfall von DaaS in den Finanzdienstleistungen ist die Kundenanalyse. Banken können Kundendaten nutzen, um das Verhalten und die Bedürfnisse ihrer Kunden besser zu
verstehen. Sie können beispielsweise das Kredit-
verhalten analysieren, Finanzprofile erstellen und
maßgeschneiderte Angebote unterbreiten. Dies
ermöglicht es ihnen, den Kundenwert zu steigern
und langfristige Beziehungen aufzubauen.

Durch den Zugriff auf Finanzdaten als Service
können Banken und Finanzinstitutionen auch regulatorische Anforderungen erfüllen. Sie können
Compliance-Prüfungen durchführen, Berichterstattungsanforderungen erfüllen und Transparenz gewährleisten. Dies ist besonders wichtig in einer
Branche, die starken regulatorischen Kontrollen
unterliegt.

Insgesamt bietet die Nutzung von Finanzdaten als
Service Banken und Finanzinstitutionen einen
wertvollen Vorteil. Sie können Risiken besser bewerten, fundierte Entscheidungen treffen und ihre
Kundenbeziehungen stärken. Daten als Service
ermöglicht es ihnen, auf eine Fülle von Finanzdaten zuzugreifen und diese effektiv zu nutzen, um

ihre Ziele zu erreichen.

4.3 - Gesundheitswesen: Medizinische Forscher können auf Datenbanken mit Patientendaten zugreifen, um neue Erkenntnisse zu gewinnen und die Gesundheitsversorgung zu verbessern.

Im Bereich des Gesundheitswesens spielt die Verfügbarkeit und Analyse von umfangreichen Patientendaten eine entscheidende Rolle. Daten als Service (DaaS) bietet medizinischen Forschern die Möglichkeit, auf große Datenbanken mit Patientendaten zuzugreifen und diese für ihre Forschungsarbeiten zu nutzen.

Durch den Zugriff auf Daten als Service können medizinische Forscher auf eine Vielzahl von Patientendaten zugreifen, die in elektronischen Gesundheitsakten, klinischen Studien, genetischen Datenbanken und anderen Quellen gespeichert sind. Diese Daten umfassen Informationen zu Diagnosen, Behandlungen, Medikamenten, Labortests und mehr. Indem sie diese Daten analysieren, können Forscher neue Erkenntnisse gewinnen und medizinische Zusammenhänge besser verstehen.

Ein wesentlicher Anwendungsfall von DaaS im Gesundheitswesen ist die personalisierte Medizin. Durch den Zugriff auf umfangreiche Patientendaten können Forscher individuelle Behandlungsansätze entwickeln, die auf den spezifischen Merkmalen und Bedürfnissen der Patienten basieren. Sie können genetische Informationen analysieren, um personalisierte Therapien zu entwickeln und vorherzusagen, wie bestimmte Krankheiten auf verschiedene Behandlungen ansprechen.

Darüber hinaus ermöglicht DaaS medizinischen Forschern die Durchführung von Bevölkerungsstudien und epidemiologischen Analysen. Sie können große Datenmengen analysieren, um Trends und Muster in der Gesundheit von Bevölkerungsgruppen zu identifizieren. Dies kann helfen, Krankheitsprävention und -kontrolle zu verbessern und die öffentliche Gesundheitsversorgung zu optimieren.

Ein weiterer wichtiger Anwendungsfall von DaaS im Gesundheitswesen ist die klinische Forschung. Forscher können auf umfangreiche Patientendaten zugreifen, um klinische Studien durchzuführen und die Wirksamkeit von Behandlungen zu bewerten. Sie können retrospektive Analysen durchführen, um die Ergebnisse vergangener Studien zu überprüfen, oder prospektive Studien planen, um neue Behandlungsmethoden zu untersuchen.

Durch den Zugriff auf Daten als Service können medizinische Forscher auch die Qualität der Gesundheitsversorgung verbessern. Sie können Patientendaten analysieren, um Behandlungsrichtlinien zu optimieren, medizinische Fehler zu identifizieren und die Patientensicherheit zu verbessern. Dies trägt dazu bei, dass die Gesundheitsversorgung effektiver und sicherer wird.

Insgesamt bietet die Nutzung von Daten als Service im Gesundheitswesen medizinischen Forschern eine wertvolle Ressource, um neue Erkenntnisse zu gewinnen und die Gesundheitsversorgung zu verbessern. Durch den Zugriff auf umfangreiche Patientendaten können sie ihre Forschungsarbeiten vorantreiben und evidenzbasierte Entscheidungen treffen. Daten als Service ermöglicht es ihnen, von den Erfahrungen und Informationen einer breiten Patientenpopulation zu profitieren und somit die Gesundheitsversorgung für alle zu optimieren.

4.4 - E-Commerce: Unternehmen können Kundendaten analysieren, um personalisierte Empfehlungen und maßgeschneiderte Werbekampagnen anzubieten.

Im Zeitalter des E-Commerce spielen Daten eine entscheidende Rolle bei der Gestaltung von personalisierten Einkaufserlebnissen und maßgeschneiderten Marketingstrategien. Unternehmen nutzen Daten als Service, um Kundendaten zu analysieren und wertvolle Erkenntnisse zu gewinnen, die sie für personalisierte Empfehlungen und gezielte Werbekampagnen nutzen können.

Durch die Analyse von Kundendaten können Unternehmen ein tieferes Verständnis für die Vorlieben, Bedürfnisse und Kaufgewohnheiten ihrer Kunden gewinnen. Sie können Informationen über vergangene Einkäufe, Produktpräferenzen, demografische Merkmale und Verhaltensmuster sammeln und analysieren. Auf Basis dieser Daten können sie personalisierte Empfehlungen generieren, die auf den individuellen Interessen und Bedürfnissen jedes Kunden basieren.

Ein Beispiel für personalisierte Empfehlungen ist das Angebot von ähnlichen Produkten, die den bisherigen Einkäufen eines Kunden entsprechen. Wenn ein Kunde beispielsweise eine bestimmte Art von Kleidung gekauft hat, kann das Unternehmen ihm ähnliche Kleidungsstücke oder passende Accessoires empfehlen. Durch die Berücksichtigung der individuellen Präferenzen und Kaufhistorie des Kunden können Unternehmen das Einkaufserlebnis personalisieren und die Wahrscheinlichkeit eines erneuten Kaufs erhöhen.

Darüber hinaus können Unternehmen durch die Analyse von Kundendaten maßgeschneiderte Werbekampagnen entwickeln. Indem sie die demografischen Merkmale, Interessen und Kaufgewohnheiten ihrer Kunden verstehen, können sie gezielte Werbung schalten, die auf die spezifischen Bedürfnisse und Präferenzen der Zielgruppe zugeschnitten ist. Unternehmen können beispielsweise personalisierte E-Mails mit individuellen Angeboten versenden oder maßgeschneiderte Anzeigen auf Online-Plattformen schalten.

Die Nutzung von Daten als Service ermöglicht es Unternehmen, ihre Marketingstrategien kontinuierlich zu optimieren. Durch die Analyse von Daten können sie den Erfolg ihrer personalisierten Empfehlungen und Werbekampagnen messen und entsprechend anpassen. Sie können beobachten, wie Kunden auf bestimmte Angebote reagieren, und ihre Strategien entsprechend optimieren, um eine höhere Kundenzufriedenheit und Umsatzsteigerung zu erreichen.

Es ist jedoch wichtig, dass Unternehmen bei der Nutzung von Kundendaten den Schutz der Privatsphäre und die Einhaltung der geltenden Datenschutzbestimmungen beachten. Kunden müssen das Vertrauen haben, dass ihre Daten sicher behandelt und nur für legitime Zwecke verwendet werden. Unternehmen sollten transparent sein und klare Datenschutzrichtlinien implementieren, um das Vertrauen der Kunden zu gewinnen und langfristige Beziehungen aufzubauen.

Insgesamt bietet die Analyse von Kundendaten im E-Commerce den Unternehmen die Möglichkeit, personalisierte Einkaufserlebnisse anzubieten und gezielte Werbekampagnen durchzuführen. Durch die Nutzung von Daten als Service können Unternehmen ihre Marketingstrategien optimieren und ihre Kundenbindung und Umsätze steigern. Gleichzeitig ist es wichtig, dass der Schutz der Privatsphäre und der verantwortungsvolle Umgang mit Daten gewährleistet sind, um das Vertrauen der Kunden zu erhalten und langfristigen Erfolg zu sichern.

5. Herausforderungen und Risiken von Daten als Service

Bei der Nutzung von Daten als Service gibt es verschiedene Herausforderungen und Risiken, die Unternehmen beachten sollten. Obwohl Daten als Service viele Vorteile bieten, sind sie nicht ohne potenzielle Schwierigkeiten. Im Folgenden werden einige der Hauptprobleme erläutert, die mit der Nutzung von Daten als Service einhergehen können.

Eine der größten Herausforderungen besteht darin, sicherzustellen, dass die bereitgestellten Daten von hoher Qualität sind. Unternehmen müssen sicherstellen, dass die Daten, auf die sie zugreifen oder die sie ihren Kunden zur Verfügung stellen, verlässlich, aktuell und korrekt sind. Die Datenqualität kann jedoch variieren, insbesondere wenn sie aus verschiedenen Quellen stammen oder von Dritten bereitgestellt werden. Daher müssen Unternehmen Mechanismen implementieren, um die Qualität der Daten zu überprüfen und sicherzustellen, dass sie den erforderlichen Standards entsprechen.

Ein weiteres Risiko besteht in der Sicherheit der Daten. Da Daten als Service oft über Netzwerke oder Cloud-Dienste zugänglich sind, besteht die Gefahr von Datenlecks oder unbefugtem Zugriff. Unternehmen müssen daher robuste Sicherheitsmaßnahmen implementieren, um die Vertraulichkeit, Integrität und Verfügbarkeit der Daten zu gewährleisten. Dies umfasst den Einsatz von Verschlüsselungstechnologien, Zugriffskontrollen und regelmäßigen Sicherheitsaudits.

Die Datenschutzbestimmungen sind ein weiteres wichtiges Thema im Zusammenhang mit Daten als Service. Unternehmen müssen sicherstellen, dass sie die geltenden Datenschutzgesetze einhalten und die Zustimmung der betroffenen Personen einholen, bevor sie deren Daten sammeln, speichern oder verarbeiten. Dies kann insbesondere bei sensiblen Daten wie Gesundheitsdaten oder persönlichen Identifikationsdaten eine Herausforderung darstellen. Unternehmen sollten Datenschutzrichtlinien entwickeln und transparent kommunizieren, wie sie mit den Daten umgehen, um das Vertrauen ihrer Kunden zu gewinnen.

Die Skalierbarkeit ist ebenfalls eine wichtige Herausforderung. Datenmengen können enorm sein und Unternehmen müssen sicherstellen, dass sie über die erforderliche Infrastruktur verfügen, um diese Datenmengen effizient zu verarbeiten. Skalierbarkeitsprobleme können auftreten, wenn die Datenmenge zunimmt und die vorhandenen Systeme und Ressourcen überlastet werden. Unternehmen müssen daher in der Lage sein, ihre Systeme entsprechend anzupassen und die erforderliche Rechenleistung und Speicherkapazität bereitzustellen.

Ein weiteres Risiko besteht in der Abhängigkeit von Drittanbietern. Unternehmen, die Daten als Service nutzen, verlassen sich oft auf externe Anbieter für die Bereitstellung und Verwaltung der Daten. Dies kann zu Problemen führen, wenn der Anbieter seine Dienste einstellt, seine Geschäftsbedingungen ändert oder die Qualität der bereitgestellten Daten beeinträchtigt. Unternehmen sollten daher Verträge und Service Level Agreements (SLAs) aushandeln, um sicherzustellen, dass ihre Anforderungen erfüllt werden und sie im Falle von Problemen angemessen geschützt sind.

Schließlich ist auch die rechtliche und regulatorische Compliance eine wichtige Herausforderung. Unternehmen müssen sicherstellen, dass sie alle relevanten Gesetze und Vorschriften einhalten, insbesondere in Bezug auf Datenschutz, Datensicherheit und den Umgang mit sensiblen Daten. Dies erfordert eine kontinuierliche Überwachung und Anpassung an sich ändernde rechtliche Anforderungen.

Insgesamt gibt es also verschiedene Herausforderungen und Risiken, die mit der Nutzung von Daten als Service verbunden sind. Unternehmen sollten sich dieser Risiken bewusst sein und entsprechende Maßnahmen ergreifen, um sie zu minimieren und die Vorteile von Daten als Service optimal zu nutzen. Die sorgfältige Planung, Implementierung und Überwachung von Datenmanagement- und Sicherheitsstrategien ist dabei von entscheidender Bedeutung.

5.1 Datenschutz und Sicherheit: Der Schutz sensibler Daten muss gewährleistet sein

Im Kontext von Daten als Service ist Datenschutz und Sicherheit ein zentrales Thema. Der Schutz sensibler Daten ist von entscheidender Bedeutung, um die Vertraulichkeit, Integrität und Verfügbarkeit der Informationen zu gewährleisten. Es gibt verschiedene Aspekte, die Unternehmen berücksichtigen müssen, um eine angemessene Datenschutz- und Sicherheitsinfrastruktur zu etablieren.

Zunächst einmal ist es wichtig, klare Richtlinien und Verfahren für den Umgang mit sensiblen Daten festzulegen. Unternehmen sollten definieren, welche Daten als sensibel gelten und welche Schutzmaßnahmen erforderlich sind. Sensible Daten können personenbezogene Informationen, medizinische Daten, finanzielle Daten oder andere vertrauliche Informationen umfassen. Durch die Festlegung klarer Richtlinien können Unternehmen sicherstellen, dass Mitarbeiter und Stakeholder die Bedeutung des Datenschutzes verstehen und angemessen handeln.

Der Zugriff auf sensible Daten sollte streng kontrolliert werden. Unternehmen sollten Zugriffsrechte und Berechtigungen vergeben, um sicherzustellen, dass nur autorisierte Personen auf die Daten zugreifen können. Hierbei ist eine sorgfältige Verwaltung von Benutzerkonten, Passwörtern und Zugriffsrechten erforderlich. Zusätzlich sollten Überwachungs- und Protokollierungssysteme implementiert werden, um den Zugriff auf Daten zu überwachen und potenzielle Sicherheitsvorfälle zu erkennen.

Die Verschlüsselung von Daten ist eine weitere wichtige Sicherheitsmaßnahme. Durch die Verschlüsselung werden die Daten in einen unlesbaren Zustand umgewandelt, sodass sie nur mit dem richtigen Entschlüsselungsschlüssel wiederhergestellt werden können. Dies stellt sicher, dass selbst im Falle eines Datenlecks die Informationen geschützt bleiben. Unternehmen sollten eine geeignete Verschlüsselungstechnologie implementieren und sicherstellen, dass die Schlüssel sicher verwaltet werden.

Regelmäßige Sicherheitsaudits und Penetrationstests sind ebenfalls essenziell, um mögliche Schwachstellen in der Datenschutz- und Sicherheitsinfrastruktur aufzudecken. Durch gezielte Tests können potenzielle Angriffsszenarien simuliert und die Sicherheitsmechanismen überprüft werden. Die Ergebnisse dieser Audits und Tests sollten dazu genutzt werden, Verbesserungen vorzunehmen und die Sicherheit kontinuierlich zu optimieren.

Des Weiteren ist die Einhaltung gesetzlicher Bestimmungen und Datenschutzvorschriften von großer Bedeutung. Unternehmen müssen sicherstellen, dass sie die geltenden Gesetze und Vorschriften in Bezug auf den Schutz von sensiblen Daten einhalten. Je nach Standort und Branche können dies beispielsweise die Datenschutzgrundverordnung (DSGVO) in der Europäischen Union oder andere landesspezifische Datenschutzgesetze sein. Unternehmen sollten sich über die relevanten Vorschriften informieren und sicherstellen, dass ihre Datenschutz- und Sicherheitsmaßnahmen den gesetzlichen Anforderungen entsprechen.

Neben internen Maßnahmen zur Datenschutz- und Sicherheitsgewährleistung ist auch die Zusammenarbeit mit zuverlässigen Dienstleistern und Partnern von großer Bedeutung. Wenn Unternehmen Daten als Service von Drittanbietern beziehen, sollten diese vertraglich verpflichtet sein, angemessene Sicherheitsmaßnahmen zu implementieren und den Datenschutz zu gewährleisten. Eine sorgfältige Auswahl von Partnern und Dienstleistern sowie die Überprüfung ihrer Sicherheitsstandards sind daher unerlässlich.

Abschließend ist festzuhalten, dass Datenschutz und Sicherheit bei der Nutzung von Daten als Service eine entscheidende Rolle spielen. Unternehmen müssen sicherstellen, dass angemessene Schutzmaßnahmen implementiert werden, um die Vertraulichkeit, Integrität und Verfügbarkeit sensibler Daten zu gewährleisten. Dies umfasst die Festlegung von Richtlinien, die Kontrolle des Zugriffs, die Verschlüsselung von Daten, regelmäßige Sicherheitsaudits und die Einhaltung gesetzlicher Bestimmungen. Durch diese Maßnahmen können Unternehmen das Vertrauen ihrer Kunden gewinnen und die Risiken im Zusammenhang mit dem Datenschutz und der Datensicherheit minimieren.

5.2 Datenqualität: Die Qualität der bereitgestellten Daten kann variieren, was Auswirkungen auf die Analysen und Entscheidungen der Kunden haben kann

Die Qualität der bereitgestellten Daten ist ein wichtiger Faktor bei der Nutzung von Daten als Service. Kunden setzen darauf, dass ihnen verlässliche und genaue Informationen zur Verfügung gestellt werden, um fundierte Entscheidungen treffen zu können. Allerdings kann die Qualität der Daten je nach Quelle und Prozess der Datenerfassung variieren.

Es gibt verschiedene Faktoren, die die Datenqualität beeinflussen können. Ein erster Aspekt ist die Genauigkeit der Daten. Fehlerhafte oder unvollständige Informationen können zu falschen Analysen und daraus resultierenden fehlerhaften Entscheidungen führen. Daher ist es wichtig, dass die Datenquellen vertrauenswürdig sind und dass geeignete Mechanismen zur Überprüfung und Validierung der Daten implementiert werden.

Ein weiterer Faktor ist die Aktualität der Daten. Je nach Anwendungsfall können veraltete Daten ihre Relevanz verlieren und zu falschen Schlussfolgerungen führen. Kunden benötigen aktuelle Informationen, um auf dem neuesten Stand zu bleiben und angemessen reagieren zu können. Daher ist es wichtig, dass die Daten in regelmäßigen Abständen aktualisiert werden und dass die Kunden Zugriff auf die neuesten verfügbaren Daten haben.

Die Vollständigkeit der Daten ist ein weiterer Aspekt, der die Datenqualität beeinflusst. Unvollständige Informationen können Lücken in den Analysen hinterlassen und zu unvollständigen oder verzerrten Ergebnissen führen. Daher sollten die Datenquellen umfassend sein und alle relevanten Informationen enthalten, die für den jeweiligen Anwendungsfall erforderlich sind.

Die Konsistenz der Daten ist ebenfalls wichtig. Inkonsistente oder widersprüchliche Informationen können zu Verwirrung und Unsicherheit führen. Kunden benötigen konsistente Daten, um verlässliche Analysen durchführen und fundierte Entscheidungen treffen zu können. Daher sollten die Datenquellen aufeinander abgestimmt und mögliche Inkonsistenzen identifiziert und behoben werden.

Die Datenqualität kann auch durch Datenverlust oder Datenbeschädigung beeinträchtigt werden. Technische Probleme oder Sicherheitsvorfälle können dazu führen, dass Daten verloren gehen oder beschädigt werden. Daher ist es wichtig, geeignete Sicherheits- und Backup-Mechanismen zu implementieren, um die Integrität und Verfügbarkeit der Daten zu gewährleisten.

Um die Datenqualität sicherzustellen, können Unternehmen verschiedene Maßnahmen ergreifen. Dies kann die Implementierung von Datenqualitätsrichtlinien und -standards umfassen, die regelmäßige Überprüfung der Datenquellen, die Durchführung von Datenbereinigungs- und Datenintegrationstechniken sowie die Einführung von automatisierten Qualitätskontrollmechanismen.

Insgesamt ist die Datenqualität ein entscheidender Faktor bei der Nutzung von Daten als Service.
Kunden müssen darauf vertrauen können, dass
ihnen genaue, aktuelle, vollständige und konsistente Daten zur Verfügung gestellt werden. Unternehmen sollten daher sicherstellen, dass sie geeignete Maßnahmen ergreifen, um die Datenqualität zu gewährleisten und potenzielle Auswirkungen auf Analysen und Entscheidungen zu minimieren.

5.3 Abhängigkeit von Drittanbietern: Kunden sind auf den zuverlässigen Betrieb und die Verfügbarkeit des Datenanbieters angewiesen

Bei der Nutzung von Daten als Service sind Kunden oft auf Drittanbieter angewiesen, die die Daten bereitstellen und den Service betreiben. Diese Abhängigkeit kann sowohl Vorteile als auch Risiken mit sich bringen.

Ein Vorteil der Abhängigkeit von Drittanbietern besteht darin, dass Kunden Zugang zu einer Vielzahl von Daten erhalten können, ohne selbst umfangreiche Infrastrukturen aufbauen zu müssen. Sie können auf das Fachwissen und die Ressourcen des Anbieters zurückgreifen und schnell auf aktuelle und relevante Daten zugreifen.

Jedoch birgt die Abhängigkeit von Drittanbietern auch Risiken. Kunden sind auf den zuverlässigen Betrieb und die Verfügbarkeit des Datenanbieters angewiesen. Falls der Anbieter technische Probleme, Ausfälle oder andere Störungen hat, kann dies direkte Auswirkungen auf die Verfügbarkeit der Daten haben und die Kunden in ihrer Arbeit beeinträchtigen.

Es ist daher wichtig, dass Kunden die Zuverlässigkeit und den Ruf des Datenanbieters sorgfältig prüfen, bevor sie sich für eine Zusammenarbeit entscheiden. Es kann ratsam sein, nach Referenzen und Erfahrungen anderer Kunden zu suchen und die Service Level Agreements (SLAs) genau zu prüfen, um sicherzustellen, dass der Anbieter den vereinbarten Service und die vereinbarte Verfügbarkeit gewährleisten kann.

Des Weiteren sollten Kunden alternative Backup- und Notfallpläne in Betracht ziehen, um sich gegen unvorhergesehene Ereignisse abzusichern. Dies kann die regelmäßige Sicherung der Daten und die Überlegung einer Redundanz bei der Auswahl von Datenanbietern umfassen.

Ein weiterer Aspekt der Abhängigkeit von Drittanbietern ist die Sicherheit der Daten. Kunden müssen sicherstellen, dass der Anbieter angemessene Sicherheitsmaßnahmen implementiert hat, um die Vertraulichkeit und Integrität der Daten zu gewährleisten. Dies kann die Verschlüsselung der Daten während der Übertragung und Speicherung, Zugangskontrollen und Auditing-Mechanismen umfassen.

Es ist auch wichtig, die Vertragsbedingungen und Nutzungsrechte sorgfältig zu prüfen, um sicherzustellen, dass Kunden die Daten nicht ohne Zustimmung des Daas-Anbieters an Dritte weitergegeben.

Die Abhängigkeit von Drittanbietern kann eine effiziente Nutzung von Daten ermöglichen, birgt jedoch auch gewisse Risiken. Kunden sollten daher ihre Entscheidungen gut abwägen, um sicherzustellen, dass sie mit einem vertrauenswürdigen und zuverlässigen Datenanbieter zusammenarbeiten, der ihren Anforderungen und Erwartungen gerecht wird.

Kapitel 6: Zukunftsaussichten von Daten als Service

Die Zukunftsaussichten von Daten als Service sind vielversprechend und bieten Potenzial für weitreichende Entwicklungen in verschiedenen Bereichen.

1. Künstliche Intelligenz und maschinelles Lernen:
   Mit dem Zugang zu umfangreichen Datenbanken können künstliche Intelligenz (KI) und maschinelles Lernen (ML) weiterentwickelt werden. Durch die Nutzung von Daten als Service können Algorithmen verbessert und optimiert werden, um präzisere Vorhersagen, Mustererkennung und Entscheidungsunterstützung zu ermöglichen.

2. Industrie 4.0:
   Im Kontext von Industrie 4.0 spielen Daten eine zentrale Rolle. Durch die Integration von Daten als Service in Produktionsprozesse können Unternehmen effizienter arbeiten, ihre Produktqualität verbessern und die Ressourcennutzung optimieren. Das Internet der Dinge (IoT) und die Vernetzung von Geräten ermöglichen die Echtzeitüberwachung und -analyse von Daten, um die Produktivität und Effektivität zu steigern.

3. Smart Cities:
   Daten als Service können dazu beitragen, Städte intelligenter und nachhaltiger zu gestalten. Durch die Analyse von Daten zu

Verkehr, Energieverbrauch, Umweltfakto-
ren und anderen Bereichen können Lösungen zur Verkehrssteuerung, Energieeffizi-
enz und Abfallwirtschaft entwickelt werden. Smart Cities profitieren von der Integration verschiedener Datenquellen, um
die Lebensqualität der Bewohner zu verbessern.

4. Personalisierte Dienstleistungen:
   Mit Hilfe von Daten als Service können Unternehmen personalisierte Dienstleistungen
   und Produkte anbieten. Kundenpräferenzen
   und Verhaltensmuster können analysiert
   werden, um maßgeschneiderte Empfehlungen, personalisierte Werbung und individuelle Kundenerlebnisse zu schaffen. Dies er-
   höht die Kundenzufriedenheit und stärkt
   die Kundenbindung.

5. Datenaustausch und -kooperation:
   Daten als Service ermöglichen den siche-
   ren Austausch und die Zusammenarbeit
   von Daten zwischen verschiedenen Organisationen und Sektoren. Dies fördert die
   Zusammenarbeit, den Wissensaustausch
   und die gemeinsame Nutzung von Ressourcen. Es können neue Partnerschaften
   und Ökosysteme entstehen, die zu Innovationen und Fortschritten in verschiedenen
   Branchen führen.

6. Ethik und Datenschutz:
   Mit der zunehmenden Nutzung von Daten
   als Service müssen auch Fragen der Ethik

und des Datenschutzes beachtet werden. Es ist wichtig, sicherzustellen, dass Daten verantwortungsvoll und rechtmäßig genutzt werden. Datenschutzrichtlinien, Zugangskontrollen und transparente Datennutzungsvereinbarungen spielen eine wichtige Rolle, um das Vertrauen der Nutzer in die Daten als Service zu stärken.

Insgesamt bieten die Zukunftsaussichten von Daten als Service spannende Möglichkeiten für Fortschritte in verschiedenen Bereichen. Die kontinuierliche Weiterentwicklung von Technologien, die Gewährleistung von Datenschutz und -sicherheit sowie die verantwortungsvolle Nutzung von Daten sind jedoch entscheidend, um das volle Potenzial von Daten als Service auszuschöpfen und die Vorteile für die Gesellschaft zu maximieren.

6.1 - Weiterentwicklung von Datenanalysetechnologien und -methoden

Die Weiterentwicklung von Datenanalysetechnologien und -methoden spielt eine entscheidende Rolle für die zukünftige Nutzung von Daten als Service.

1. Maschinelles Lernen und Künstliche Intelligenz: Die Fortschritte in den Bereichen des maschinellen Lernens und der künstlichen Intelligenz haben bereits zu bedeutenden Entwicklungen in der Datenanalyse geführt. Neue Algorithmen und Modelle ermöglichen die Verarbeitung großer Datenmengen und die Extraktion von Erkenntnissen und Mustern. Durch die kontinuierliche Weiterentwicklung dieser Technologien werden effizientere und präzisere Analysemethoden entwickelt.

2. Big Data-Verarbeitung: Die exponentiell wachsende Menge an verfügbaren Daten erfordert fortschrittliche Technologien zur Verarbeitung und Analyse. Big Data-Plattformen und -Tools werden ständig verbessert, um große Datenmengen in Echtzeit zu handhaben. Die Skalierbarkeit und Effizienz solcher Systeme sind entscheidend, um den Anforderungen der Daten als Service gerecht zu werden.

3. Datenvisualisierung: Die Fähigkeit,

komplexe Daten auf anschauliche Weise darzustellen, gewinnt an Bedeutung. Datenvisualisierungstools ermöglichen es, komplexe Zusammenhänge und Muster leichter zu erkennen und zu verstehen. Durch die Entwicklung interaktiver und intuitiver Visualisierungstechniken wird die Kommunikation von Datenanalysen verbessert und die Entscheidungsfindung erleichtert.

4. Automatisierung: Die Automatisierung von Datenanalysen spielt eine immer größere Rolle. Fortschritte in der automatisierten Datenbereinigung, -transformation und -modellierung ermöglichen es, den Prozess der Datenanalyse effizienter zu gestalten. Durch den Einsatz von Machine-Learning-Techniken können automatisierte Analyseprozesse entwickelt werden, die schnelle und präzise Ergebnisse liefern.

5. Verarbeitung unstrukturierter Daten: Neben strukturierten Daten gewinnen auch unstrukturierte Daten wie Texte, Bilder und Audiodateien an Bedeutung. Die Entwicklung von Technologien zur Verarbeitung und Analyse dieser Datenformate eröffnet neue Möglichkeiten für die Erkenntnisgewinnung und Entscheidungsunterstützung.

6. Datenschutz und Anonymisierung: Die Sicherheit und der Schutz von Daten

bleiben wichtige Herausforderungen. Die Weiterentwicklung von Technologien zur Anonymisierung und Pseudonymisierung von Daten sowie zur Gewährleistung des Datenschutzes wird weiter vorangetrieben, um das Vertrauen in Daten als Service zu stärken.

Die kontinuierliche Weiterentwicklung von Datenanalysetechnologien und -methoden wird die Nutzung von Daten als Service in Zukunft weiter vorantreiben. Durch die Verbesserung der Analysefähigkeiten, die Verarbeitung großer Datenmengen und die sichere Handhabung von Daten können neue Erkenntnisse gewonnen und innovative Lösungen entwickelt werden.

6.2 - Steigende Nachfrage nach Echtzeitdaten als Service

In der heutigen schnelllebigen und datengetriebenen Welt nimmt die Nachfrage nach Echtzeitdaten als Service kontinuierlich zu. Unternehmen und Organisationen erkennen den Wert und die Bedeutung von Echtzeitinformationen für ihre Geschäftsprozesse und Entscheidungsfindung. Hier sind einige Faktoren, die diese steigende Nachfrage antreiben:

1. Aktualität der Informationen: Echtzeitdaten liefern Informationen in nahezu Echtzeit, was bedeutet, dass Unternehmen sofort auf Veränderungen und Ereignisse reagieren können. Das ermöglicht eine schnellere Entscheidungsfindung und eine verbesserte Reaktionsfähigkeit auf Markttrends, Kundenbedürfnisse und Wettbewerbsumfeld.

2. Wettbewerbsvorteil: Unternehmen, die über aktuelle und genaue Echtzeitdaten verfügen, können einen Wettbewerbsvorteil erlangen. Sie können schnell auf Veränderungen im Markt reagieren, neue Chancen identifizieren und ihre Produkte und Dienstleistungen entsprechend anpassen. Dies kann zu einer stärkeren Positionierung am Markt und einer höheren Kundenzufriedenheit führen.

3. Effektives Risikomanagement: Echtzeitdaten ermöglichen es Unternehmen,
   potenzielle Risiken frühzeitig zu erkennen und geeignete Maßnahmen zu ergreifen. Durch die kontinuierliche Überwachung und Analyse von Echtzeitinformationen können sie Risiken wie Cy-
   berangriffe, Sicherheitsverletzungen, finanzielle Instabilität oder operative
   Probleme rechtzeitig identifizieren und
   darauf reagieren.

4. Personalisierte Kundenerfahrung: Echtzeitdaten erlauben es Unternehmen,
   ein besseres Verständnis ihrer Kunden
   zu entwickeln und personalisierte Angebote und Dienstleistungen anzubieten.
   Durch die Analyse von Echtzeitinformationen über das Kundenverhalten, Präferenzen und Interaktionen können Unternehmen ihre Marketing- und Ver-
   triebsstrategien optimieren und eine
   maßgeschneiderte Kundenerfahrung
   bieten.

5. Technologische Fortschritte: Fortschritte in der Datenverarbeitungstechnolo-
   gie und der Datenübertragung ermöglichen es, Echtzeitdaten effizient zu erfassen, zu verarbeiten und zu übermit-
   teln. Mit der Weiterentwicklung von
   Cloud-Computing, Internet of Things
   (IoT) und 5G-Netzwerken wird die Verfügbarkeit von Echtzeitdaten weiter
   verbessert und erleichtert deren Inte-

gration in Geschäftsprozesse.

6. Branchenspezifische Anwendungsfälle: In verschiedenen Branchen gibt es spezifische Anwendungsfälle, bei denen Echtzeitdaten als Service besonders gefragt sind. Beispielsweise im Finanzsektor zur Echtzeitüberwachung von Transaktionen, im Transportwesen zur Verfolgung von Lieferungen in Echtzeit oder im Gesundheitswesen zur Überwachung von Patientendaten.

Die steigende Nachfrage nach Echtzeitdaten als Service wird durch die Notwendigkeit einer schnelleren und agileren Entscheidungsfindung, des Wettbewerbsvorteils und der Optimierung von Geschäftsprozessen vorangetrieben.

6.3 - Integration von künstlicher Intelligenz und maschinellem Lernen zur automatisierten Datenanalyse

Die Integration von künstlicher Intelligenz (KI) und maschinellem Lernen (ML) zur automatisierten Datenanalyse hat das Potenzial, den Wert und die Effizienz von Daten als Service weiter zu steigern. Durch den Einsatz von fortschrittlichen Algorithmen und Techniken können Unternehmen große Mengen an Daten schnell und präzise analysieren. Hier sind einige Aspekte, die die Integration von KI und ML in der Datenanalyse vorantreiben:

1. Mustererkennung: KI und ML ermöglichen es, komplexe Muster und Zusammenhänge in den Daten zu erkennen, die für menschliche Analysen schwer zu identifizieren wären. Durch das Trainieren von Algorithmen mit großen Datenmengen können sie selbstständig Muster, Trends und Anomalien erkennen und auf diese Weise wertvolle Einblicke gewinnen.

2. Automatisierte Entscheidungsfindung: Durch die Integration von KI und ML können Unternehmen automatisierte Entscheidungsmodelle entwickeln. Basierend auf den analysierten Daten können Algorithmen Entscheidungen treffen oder Empfehlungen für bestimmte Aktivitäten oder Geschäftsprozesse geben. Dies kann die Effizienz steigern und menschliche Fehler redu-

zieren.

3. Echtzeit-Analyse: KI und ML ermöglichen die Echtzeit-Analyse großer Datenmengen. Dadurch können Unternehmen schnell auf Änderungen oder Ereignisse reagieren, die sich in den Daten widerspiegeln. Die automatisierte Analyse in Echtzeit erlaubt eine proaktive und zeitnahe Reaktion auf neue Informationen oder Trends.

4. Vorhersage und Optimierung: Durch die Integration von KI und ML können Unternehmen Vorhersagemodelle entwickeln, die auf historischen Daten trainiert werden. Diese Modelle können zukünftige Entwicklungen und Verhaltensmuster vorhersagen und so bessere Entscheidungen und Strategien ermöglichen. Zudem können Algorithmen Optimierungsvorschläge für Prozesse oder Parameter liefern, um beispielsweise Kosten zu senken oder die Effizienz zu steigern.

5. Anpassungsfähigkeit: KI und ML sind in der Lage, sich an neue Daten und Veränderungen anzupassen. Durch kontinuierliches Training und Aktualisierung der Modelle können sie sich an neue Muster oder Gegebenheiten anpassen und so weiterhin genaue Analysen liefern. Dies ermöglicht eine hohe Flexibilität und Skalierbarkeit in der Daten-

analyse.

6. Reduzierung manueller Aufgaben: Durch die Automatisierung von Datenanalysen mit KI und ML können manuelle Aufgaben und repetitive Arbeitsschritte reduziert werden. Das ermöglicht es den Mitarbeitern, sich auf komplexere Aufgaben zu konzentrieren, die menschliche Kreativität und Fachkenntnisse erfordern.

Die Integration von künstlicher Intelligenz und maschinellem Lernen in die Datenanalyse eröffnet neue Möglichkeiten für Unternehmen, um wertvolle Erkenntnisse aus ihren Daten zu gewinnen und ihre Entscheidungsfindung zu verbessern. Es ermöglicht eine effiziente Verarbeitung großer Datenmengen, Mustererkennung, Vorhersagefähigkeiten und automatisierte Entscheidungsfindung. Die kontinuierliche Weiterentwicklung von KI- und ML-Technologien wird die Integration weiter vorantreiben und zu neuen Innovationen führen.

6.4 - Was ist Big Data

Big Data ist ein Begriff, der in den letzten Jahren zunehmend an Bedeutung gewonnen hat. Doch was verbirgt sich hinter diesem Ausdruck? Im Wesentlichen bezieht sich Big Data auf große und komplexe Datenmengen, die von Unternehmen, Organisationen und sogar individuellen Nutzern generiert werden. Diese Daten zeichnen sich durch drei entscheidende Merkmale aus: Volumen, Vielfalt und Geschwindigkeit.

Das Volumen von Big Data bezieht sich auf die enorme Menge an Daten, die erzeugt und gesammelt werden. Im digitalen Zeitalter werden täglich gigantische Datenmengen erzeugt, sei es durch Social Media-Beiträge, Sensordaten von IoT-Geräten oder Transaktionsdaten von Unternehmen. Die schiere Größe dieser Datenmengen erfordert spezielle Technologien und Infrastrukturen für ihre effiziente Verarbeitung und Analyse.

Ein weiteres Merkmal von Big Data ist die Vielfalt der Datenquellen. Traditionell wurden Daten hauptsächlich aus strukturierten Quellen wie Datenbanken gewonnen. Heutzutage stammen die Daten jedoch aus einer Vielzahl von Quellen, darunter unstrukturierte Texte, Bilder, Videos, Audiodateien und mehr. Die Herausforderung besteht darin, diese unterschiedlichen Datenformate zu verstehen, zu integrieren und zu analysieren, um wertvolle Erkenntnisse zu gewinnen.

Das dritte Merkmal von Big Data ist die Geschwindigkeit, mit der Daten generiert werden. In einer zunehmend vernetzten Welt müssen Daten in Echtzeit erfasst, verarbeitet und analysiert werden. Unternehmen möchten beispielsweise sofortige Einblicke in Kundenverhalten oder Markttrends erhalten, um fundierte Entscheidungen treffen zu können. Die Fähigkeit, große Datenmengen in Echtzeit zu verarbeiten, eröffnet neue Möglichkeiten für die schnelle und präzise Analyse von Daten.

Die Bedeutung von Big Data liegt in seinem Potenzial, wertvolle Erkenntnisse und Erkenntnisse zu liefern, die Unternehmen bei der Optimierung von Geschäftsprozessen, der Verbesserung der Kundenerfahrung und der Identifizierung neuer Geschäftsmöglichkeiten unterstützen. Durch die Analyse großer Datenmengen können Muster, Trends und Zusammenhänge identifiziert werden, die mit herkömmlichen Analysemethoden nicht erkennbar wären.

Um die Herausforderungen von Big Data zu bewältigen, wurden verschiedene Technologien und Ansätze entwickelt. Dazu gehören skalierbare Datenverarbeitungsframeworks wie Hadoop und Apache Spark, NoSQL-Datenbanken, maschinelles Lernen und künstliche Intelligenz. Diese Werkzeuge ermöglichen es, Big Data effizient zu speichern, zu verarbeiten und zu analysieren.

Es ist wichtig anzumerken, dass Big Data nicht nur für Unternehmen relevant ist, sondern auch in vielen anderen Bereichen Anwendung findet. Im Gesundheitswesen können beispielsweise große Datenmengen genutzt werden, um personalisierte

Medizin und die Früherkennung von Krankheiten zu verbessern. In der öffentlichen Verwaltung können Big Data-Analysen dazu beitragen, die Effizienz von Dienstleistungen und Infrastrukturen zu optimieren.

Insgesamt bietet Big Data enorme Chancen und Herausforderungen für Unternehmen und Organisationen. Es eröffnet neue Möglichkeiten, um fundierte Entscheidungen zu treffen, Innovationen voranzutreiben und Wettbewerbsvorteile zu erzielen. Gleichzeitig erfordert die Verarbeitung und Analyse großer Datenmengen fortschrittliche Technologien, Fachkenntnisse und Strategien, um das volle Potenzial von Big Data auszuschöpfen.

Die fortlaufende Entwicklung von Big Data und die damit verbundenen Technologien versprechen eine aufregende Zukunft, in der Daten eine immer wichtigere Rolle spielen werden. Unternehmen, die die Möglichkeiten von Big Data nutzen und gleichzeitig die damit verbundenen Herausforderungen bewältigen können, werden in der Lage sein, einen Wettbewerbsvorteil zu erzielen und Innovationen voranzutreiben. Daher ist es unerlässlich, Big Data als wertvolle Ressource zu erkennen und die notwendigen Schritte zu unternehmen, um ihre Potenziale zu erschließen.

6.4.1 - Einführung in Big Data

Big Data ist ein Begriff, der in den letzten Jahren viel Aufmerksamkeit erregt hat. Doch was genau verbirgt sich hinter diesem Schlagwort? Um das Konzept von Big Data zu verstehen, müssen wir uns zunächst mit der Natur von Daten selbst auseinandersetzen.

Daten sind die Grundbausteine der Information. Sie sind überall um uns herum und werden in vielfältigen Formen und Formaten erzeugt. Traditionell haben wir Daten in strukturierter Form betrachtet, beispielsweise in Tabellen oder Datenbanken. Diese Daten waren relativ einfach zu handhaben und zu analysieren.

Doch mit dem Aufkommen neuer Technologien und der zunehmenden Digitalisierung hat sich die Art und Weise, wie Daten generiert werden, drastisch verändert. Heutzutage werden Daten aus einer Vielzahl von Quellen erzeugt, darunter soziale Medien, Sensoren, Mobilgeräte und sogar Maschinen. Diese Daten sind oft unstrukturiert und können Texte, Bilder, Videos oder Audiodateien umfassen.

Die enorme Menge und Vielfalt dieser Daten hat zu einem exponentiellen Wachstum geführt, das wir als Big Data bezeichnen. Big Data zeichnet sich durch drei Hauptmerkmale aus: Volumen, Vielfalt und Geschwindigkeit.

Das Volumen von Big Data bezieht sich auf die große Menge an Daten, die erzeugt und gesammelt werden. Es ist nicht ungewöhnlich, dass Unternehmen Millionen oder sogar Milliarden von Datenpunkten sammeln. Diese Daten können aus verschiedenen Quellen stammen, wie zum Beispiel Kundentransaktionen, Logdateien oder Social Media-Beiträgen.

Die Vielfalt von Big Data bezieht sich auf die unterschiedlichen Formen und Formate, in denen Daten vorliegen können. Wie bereits erwähnt, können Daten Texte, Bilder, Videos oder Audiodateien umfassen. Diese Vielfalt stellt eine Herausforderung dar, da herkömmliche Datenanalysetechniken oft nicht ausreichen, um diese heterogenen Daten zu verstehen und zu analysieren.

Die Geschwindigkeit von Big Data bezieht sich auf die Fähigkeit, Daten in Echtzeit zu erfassen und zu verarbeiten. In einer zunehmend vernetzten Welt ist es wichtig, Daten schnell zu analysieren, um zeitnahe Einblicke und Reaktionen zu ermöglichen. Beispielsweise können Unternehmen in Echtzeit auf Kundenfeedback reagieren oder auf Markttrends reagieren.

Um mit Big Data umzugehen, bedarf es spezieller Technologien und Werkzeuge. Eine wichtige Technologie ist das sogenannte "Hadoop-Framework", das es ermöglicht, große Datenmengen auf kostengünstige Weise zu speichern und zu verarbeiten. Es bietet auch Mechanismen zur Ausfallsicherheit und Skalierbarkeit.

Darüber hinaus spielen maschinelles Lernen und künstliche Intelligenz eine entscheidende Rolle bei der Analyse von Big Data. Diese Techniken ermöglichen es, Muster und Zusammenhänge in den Daten zu erkennen, die für menschliche Analysten schwer zu erfassen wären. Durch den Einsatz von Algorithmen können große Datenmengen automatisch verarbeitet und Erkenntnisse gewonnen werden.

Insgesamt eröffnet Big Data neue Möglichkeiten für Unternehmen und Organisationen. Durch die Analyse großer und vielfältiger Datenmengen können sie fundierte Entscheidungen treffen, Geschäftsprozesse optimieren und neue Erkenntnisse gewinnen. Big Data ist jedoch auch mit Herausforderungen verbunden, insbesondere in Bezug auf Datenschutz, Datensicherheit und Ethik.

Es ist wichtig, die Potenziale von Big Data zu erkennen und gleichzeitig verantwortungsbewusst damit umzugehen. Die richtige Nutzung von Big Data kann zu Wettbewerbsvorteilen und Innovationen führen, während eine unangemessene Nutzung zu rechtlichen und ethischen Konsequenzen führen kann.

In den nächsten Abschnitten werden wir uns genauer mit verschiedenen Aspekten von Big Data befassen, darunter Datenanalyse, Datenmanagement und Datenschutz. Wir werden uns auch ansehen, wie Big Data in verschiedenen Branchen und Anwendungsbereichen eingesetzt wird und welche Auswirkungen dies auf die Gesellschaft haben kann.

Lesen Sie weiter, um mehr über die aufregende

Welt von Big Data zu erfahren und zu verstehen, wie Sie dieses Potenzial in Ihrem eigenen Unternehmen nutzen können.

6.4.2 - Definition und Merkmale von Big Data

Big Data ist ein Begriff, der in den letzten Jahren viel Aufmerksamkeit erhalten hat. Es bezieht sich auf die enorme Menge an Daten, die in verschiedenen Formen und Formaten erzeugt und gesammelt werden. Diese Daten unterscheiden sich von traditionellen Daten durch ihre spezifischen Merkmale und Herausforderungen.

Eine klare Definition von Big Data zu finden, kann schwierig sein, da sie je nach Kontext und Perspektive variieren kann.

Das Volumen von Big Data bezieht sich auf die große Menge an Daten, die generiert und gesammelt werden. Es kann sich um Terabytes, Petabytes oder sogar Exabytes handeln. Diese Daten stammen aus unterschiedlichen Quellen wie Sensoren, sozialen Medien, Transaktionen und mehr. Unternehmen stehen vor der Herausforderung, diese riesigen Datenmengen zu speichern und zu verarbeiten.

Die Vielfalt von Big Data bezieht sich auf die unterschiedlichen Formen und Formate, in denen Daten vorliegen können. Neben strukturierten Daten in Tabellenform umfasst Big Data auch unstrukturierte Daten wie Texte, Bilder, Videos, Audiodateien und sogar Echtzeitdaten von Sensoren. Die Vielfalt der Daten stellt eine Herausforderung für die Datenverarbeitung und -analyse dar, da herkömmliche Methoden oft nicht ausreichen.

Die Geschwindigkeit von Big Data bezieht sich auf

die Fähigkeit, Daten in Echtzeit zu erfassen, zu verarbeiten und darauf zu reagieren. Mit der zunehmenden Vernetzung und digitalen Interaktion werden Daten kontinuierlich generiert und müssen sofort analysiert werden, um zeitnahe Erkenntnisse zu gewinnen. Dies erfordert leistungsstarke Datenverarbeitungssysteme und Algorithmen.

Neben diesen Hauptmerkmalen gibt es weitere Aspekte von Big Data, die beachtet werden sollten. Dazu gehören die Varianz der Datenqualität, die Komplexität der Datenintegration, die Datenschutz- und Sicherheitsaspekte sowie die Skalierbarkeit der Infrastruktur zur Handhabung großer Datenmengen.

Die Analyse von Big Data spielt eine entscheidende Rolle bei der Gewinnung von Erkenntnissen und Mehrwert aus den Daten. Durch den Einsatz von fortschrittlichen Analysetechniken wie maschinellem Lernen, Data Mining und statistischen Modellen können Muster, Zusammenhänge und Trends in den Daten entdeckt werden. Diese Erkenntnisse können Unternehmen dabei unterstützen, fundierte Entscheidungen zu treffen, Prozesse zu optimieren und neue Geschäftsmöglichkeiten zu identifizieren.

Es ist wichtig anzumerken, dass Big Data nicht nur für Unternehmen relevant ist, sondern auch für die Forschung, Regierungen, das Gesundheitswesen und andere Bereiche. Die Möglichkeiten und Potenziale von Big Data sind enorm, aber es ist auch wichtig, die Herausforderungen zu beachten, insbesondere in Bezug auf Datenschutz, Ethik und Sicherheit.

Insgesamt ist Big Data ein faszinierendes und komplexes Thema, das weiterhin an Bedeutung gewinnt. Es bietet enorme Chancen, aber erfordert auch eine sorgfältige Planung, Infrastruktur und Expertise, um das volle Potenzial zu nutzen. Durch die effektive Nutzung von Big Data können Organisationen wettbewerbsfähiger sein, bessere Entscheidungen treffen und ihre Leistung verbessern.

6.4.3 - Bedeutung und Herausforderungen von Big Data in der heutigen digitalen Ära

In der heutigen digitalen Ära hat Big Data eine immense Bedeutung erlangt. Die Verfügbarkeit großer Datenmengen und die technologischen Fortschritte haben Unternehmen und Organisationen neue Möglichkeiten eröffnet, Erkenntnisse zu gewinnen und bessere Entscheidungen zu treffen. Doch mit den Vorteilen von Big Data gehen auch Herausforderungen einher.

Die Bedeutung von Big Data liegt vor allem in seiner Fähigkeit, wertvolle Erkenntnisse zu liefern und die Effizienz in verschiedenen Bereichen zu steigern. Durch die Analyse großer Datenmengen können Unternehmen Muster und Zusammenhänge erkennen, Trends vorhersagen und präzisere Prognosen erstellen. Dies ermöglicht es ihnen, ihre Produkte und Dienstleistungen besser auf die Bedürfnisse ihrer Kunden abzustimmen und ihre Geschäftsprozesse zu optimieren.

Ein weiterer wichtiger Aspekt ist die Möglichkeit, datengetriebene Entscheidungen zu treffen. Indem Unternehmen auf evidenzbasierte Informationen zurückgreifen, können sie Risiken minimieren, Chancen identifizieren und ihre Wettbewerbsposition stärken. Big Data ermöglicht es ihnen, fundierte Entscheidungen zu treffen und ihre Strategien auf der Grundlage objektiver Daten zu entwickeln.

Jedoch bringt die Verarbeitung und Analyse großer Datenmengen auch Herausforderungen mit sich. Eine der größten Herausforderungen ist die Datenvielfalt. Die Integration und Analyse dieser vielfältigen Daten erfordert komplexe Datenmanagement- und Analysemethoden.

Ein weiterer wichtiger Aspekt ist die Datenqualität. Bei Big Data kann die Qualität der Daten variieren, da sie aus unterschiedlichen Quellen stammen und Fehler enthalten können. Unreine oder unvollständige Daten können zu verzerrten Ergebnissen führen und die Genauigkeit der Analysen beeinträchtigen. Daher ist eine sorgfältige Datenbereinigung und -validierung von entscheidender Bedeutung.

Die Sicherheit und der Datenschutz sind ebenfalls Herausforderungen im Umgang mit Big Data. Da große Datenmengen gesammelt und analysiert werden, entstehen neue Risiken in Bezug auf den Schutz sensibler Informationen. Unternehmen müssen sicherstellen, dass angemessene Sicherheitsmaßnahmen implementiert sind, um Daten vor unbefugtem Zugriff zu schützen und die Einhaltung von Datenschutzrichtlinien zu gewährleisten.

Darüber hinaus stellt die Skalierbarkeit der Infrastruktur eine Herausforderung dar. Die Verarbeitung und Speicherung großer Datenmengen erfordert leistungsstarke Hardware- und Netzwerkressourcen. Unternehmen müssen sicherstellen, dass ihre IT-Infrastruktur ausreichend dimensioniert und in der Lage ist, mit dem wachsenden Volumen von Big Data umzugehen.

Neben diesen technischen Herausforderungen gibt es auch organisatorische und rechtliche Aspekte zu berücksichtigen. Die Einführung von Big Data erfordert oft eine Anpassung der Unternehmenskultur und die Entwicklung neuer Fähigkeiten bei den Mitarbeitern. Zudem müssen rechtliche Rahmenbedingungen wie Datenschutzgesetze und Compliance-Anforderungen beachtet werden.

Insgesamt lässt sich sagen, dass Big Data eine immense Bedeutung für Unternehmen und Organisationen in der heutigen digitalen Ära hat. Es bietet enorme Chancen, aber erfordert auch eine ganzheitliche Herangehensweise, um die Herausforderungen zu bewältigen. Durch die richtige Kombination von Technologie, Datenmanagement und Fachwissen können Organisationen das volle Potenzial von Big Data ausschöpfen und ihren Erfolg in der digitalen Welt vorantreiben.

6.4.4 - Datenquellen für Big Data

Die Verfügbarkeit und Vielfalt von Datenquellen spielt eine entscheidende Rolle für den Erfolg von Big Data. In der heutigen digitalen Ära gibt es zahlreiche Datenquellen, die Unternehmen nutzen können, um umfassende Informationen zu gewinnen und wertvolle Erkenntnisse zu generieren.

1. Unternehmensinterne Daten: Eine wichtige Quelle für Big Data sind die internen Daten eines Unternehmens. Das umfasst strukturierte Daten wie Verkaufsdaten, Kundendaten, Transaktionsdaten und Inventardaten. Diese Daten werden in der Regel in Unternehmensdatenbanken gespeichert und können mithilfe von Data-Warehouse-Technologien extrahiert und analysiert werden.

2. Externe Datenquellen: Neben den internen Daten können Unternehmen auch auf externe Datenquellen zugreifen. Das können öffentlich verfügbare Daten sein, wie zum Beispiel Regierungsdaten, soziale Medien, Wetterdaten, geografische Daten und Marktdaten. Externe Datenquellen erweitern den Informationsumfang und bieten zusätzliche Einblicke in das Marktgeschehen und das Kundenverhalten.

3. Sensordaten: In der heutigen vernetzten Welt generieren Sensoren in Geräten und Maschinen kontinuierlich Daten. Diese Sensordaten können in Echtzeit erfasst werden und Informationen über den Zustand von Geräten, Umweltbedingungen oder Verkehrsströme liefern. Beispiele für Sensordaten sind IoT-Daten (Internet of Things) aus smarten Geräten, Fahrzeugtelemetrie oder Überwachungssysteme.

4. Webdaten: Das Internet ist eine riesige Quelle von unstrukturierten Daten. Webseiten, Foren, Blogs und soziale Medien generieren täglich eine enorme Menge an Informationen. Durch Web Scraping-Techniken können Unternehmen diese Daten nutzen, um Meinungen, Trends, Kundenfeedback und Stimmungen in Echtzeit zu analysieren. Die Analyse von Webdaten kann wertvolle Einblicke in die Bedürfnisse und Vorlieben der Kunden liefern.

5. Multimediale Daten: Neben Textdaten spielen auch multimediale Daten wie Bilder, Videos und Audio eine wichtige Rolle in Big Data. Mit den Fortschritten in der Bild- und Spracherkennung können Unternehmen diese Daten nutzen, um visuelle Muster zu identifizieren, Sprach-

analyse durchzuführen und emotionale Reaktionen zu erfassen. Das ermöglicht beispielsweise die automatische Erkennung von Gesichtern, die Analyse von Bildinhalten oder die Sprachsteuerung von Geräten.

Diese Aufzählung von Datenquellen für Big Data ist keineswegs abschließend. Die Vielfalt der Datenquellen wächst ständig, und Unternehmen können ihre Datenstrategien an ihre spezifischen Anforderungen anpassen. Es ist wichtig, dass Unternehmen eine klare Vorstellung von ihren Datenquellen haben und die Datenintegration, Datenqualität und Datenschutzaspekte berücksichtigen, um das volle Potenzial von Big Data auszuschöpfen.

6.4.5 - Traditionelle Datenquellen (z. B. Unternehmensdatenbanken, Dateisysteme)

Traditionelle Datenquellen, wie Unternehmensdatenbanken und Dateisysteme, stellen nach wie vor eine wichtige Quelle für Big Data dar. Obwohl in der heutigen digitalen Ära eine Vielzahl neuer Datenquellen verfügbar ist, sollten diese traditionellen Datenquellen nicht vernachlässigt werden, da sie eine solide Basis für die Datenerfassung und -verwaltung bilden.

1. Unternehmensdatenbanken: Unternehmensdatenbanken sind strukturierte Datenbanken, die von Unternehmen zur Speicherung und Verwaltung ihrer operativen Daten verwendet werden. Hier werden Informationen zu Kunden, Produkten, Bestellungen, Transaktionen und anderen geschäftlichen Abläufen gespeichert. Diese Datenbanken werden oft von Unternehmen verwendet, um wichtige Kennzahlen und Berichte zu generieren. Sie sind in der Regel in relationalen Datenbankmanagementsystemen (DBMS) organisiert, die eine effiziente Verwaltung, Abfrage und Analyse der Daten ermöglichen.

1. Dateisysteme: Dateisysteme sind eine weitere traditionelle Datenquelle, die in vielen Unternehmen genutzt wird. Hier werden Daten in

Form von Dateien auf Servern oder lokalen Speichergeräten abgelegt. Diese Dateien können strukturierte Daten in Form von Tabellen, unstrukturierte Daten wie Dokumente, Präsentationen und E-Mails sowie semistrukturierte Daten wie XML- oder JSON-Dateien enthalten. Dateisysteme bieten Unternehmen Flexibilität bei der Speicherung und Organisation ihrer Daten, erfordern jedoch oft eine geeignete Datenstrukturierung und Metadatenverwaltung, um effiziente Analysen durchführen zu können.

2. Legacy-Systeme: Viele Unternehmen verfügen über sogenannte Legacy-Systeme, die ältere Technologien und Anwendungen nutzen. Diese Systeme können eine wertvolle Quelle für historische Daten sein, die für Big Data-Analysen genutzt werden können. Legacy-Systeme können jedoch Herausforderungen mit sich bringen, da sie möglicherweise nicht die Flexibilität und Skalierbarkeit moderner Datenplattformen bieten. Dennoch ist es wichtig, die vorhandenen Daten in diesen Systemen zu berücksichtigen und gegebenenfalls Lösungen für die Integration und Verarbeitung zu finden.

3. Data Warehouses: Data Warehouses sind spezialisierte Datenbanken, die entwickelt wurden, um große Mengen an Daten zu speichern, zu organisieren und zu analysieren. Sie dienen als zentraler Speicher für Unternehmensdaten und bieten Funktionen wie Datenintegration, Datenbereinigung und Analysemöglichkeiten. Data Warehouses werden oft verwendet, um historische Daten über einen längeren Zeitraum hinweg zu speichern und zu analysieren. Durch die Zusammenführung von Daten aus verschiedenen Quellen können Unternehmen ein umfassendes Bild ihrer Geschäftstätigkeiten und Trends erhalten.

4. Data Lakes: Data Lakes sind eine relativ neue Art der Datenhaltung und -verwaltung. Hier werden Daten in ihrem Rohformat gespeichert, ohne vorherige Strukturierung oder Formatierung. Data Lakes bieten Unternehmen die Flexibilität, verschiedene Arten von Daten in großen Mengen zu speichern und später nach Bedarf zu verarbeiten und zu analysieren. Traditionelle Datenquellen wie Unternehmensdatenbanken und Dateisysteme können in einen Data Lake integriert werden, um eine umfassende Datenba-

sis für Big Data-Analysen zu schaffen.

Die Nutzung traditioneller Datenquellen für Big Data erfordert eine sorgfältige Planung und Integration, um sicherzustellen, dass die Daten korrekt erfasst, gespeichert und analysiert werden können. Durch die Kombination von traditionellen und neuen Datenquellen können Unternehmen ein ganzheitliches Verständnis ihrer Datenlandschaft entwickeln und wertvolle Erkenntnisse gewinnen, um fundierte Geschäftsentscheidungen zu treffen.

6.4.6 - Neue Datenquellen (z. B. soziale Medien, IoT-Geräte, Sensordaten)

Im Zeitalter von Big Data haben sich neben den traditionellen Datenquellen auch eine Vielzahl neuer Datenquellen entwickelt, die einen enormen Umfang und eine hohe Geschwindigkeit der Datenerzeugung aufweisen. Diese neuen Datenquellen eröffnen Unternehmen völlig neue Möglichkeiten, Einblicke zu gewinnen und datengesteuerte Entscheidungen zu treffen. Im Folgenden werden einige der wichtigen neuen Datenquellen vorgestellt:

1. Soziale Medien: Mit der exponentiellen Zunahme der Nutzung sozialer Medienplattformen wie Facebook, Twitter, Instagram und LinkedIn hat sich ein reichhaltiger Datenpool eröffnet. Hier teilen Menschen freiwillig ihre Meinungen, Interessen, Vorlieben und Aktivitäten. Diese Informationen können für Unternehmen äußerst wertvoll sein, um Kundenverhalten, Trends und Stimmungen besser zu verstehen. Durch die Analyse von Social-Media-Daten können Unternehmen beispielsweise Meinungen zu ihren Produkten und Dienstleistungen erfassen, Kundenfeedback analysieren und ihre Marketingstrategien optimieren.

2. Internet of Things (IoT)-Geräte: Das Internet der Dinge bezieht sich

auf die zunehmende Vernetzung von Alltagsgegenständen wie Haushaltsgeräten, Fahrzeugen, Wearables und industriellen Sensoren. Diese vernetzten Geräte erzeugen kontinuierlich Daten, die Informationen über ihre Nutzung, Leistung und Umgebung liefern. IoT-Daten können Unternehmen dabei helfen, ihre Produktleistung zu überwachen, Echtzeitinformationen über den Zustand von Maschinen zu erhalten, vorausschauende Wartung durchzuführen und die Effizienz in verschiedenen Bereichen wie Fertigung, Gesundheitswesen und Verkehr zu verbessern.

3. Sensordaten: Sensoren spielen eine entscheidende Rolle bei der Erfassung und Generierung von Daten in verschiedenen Branchen. Beispielsweise werden in der Umweltüberwachung Sensoren eingesetzt, um Luftqualität, Wasserqualität, Temperatur und Feuchtigkeit zu messen. In der Logistik können Sensoren in der Lieferkette eingesetzt werden, um den Standort von Waren zu verfolgen oder die Temperaturbedingungen während des Transports zu überwachen. Sensordaten sind oft in Echtzeit verfügbar und ermöglichen Unternehmen eine präzise Überwachung und Steuerung ver-

schiedener Prozesse.

4. Geodaten: Geodaten beziehen sich auf Informationen, die mit geografischen Standorten verknüpft sind. Mit Hilfe von GPS-Technologie und anderen Ortungsdiensten werden umfangreiche geografische Daten erzeugt. Diese Daten können für Unternehmen von großem Nutzen sein, um Standortanalysen durchzuführen, Zielgruppen zu identifizieren, Routenplanung zu optimieren und personalisierte Dienste bereitzustellen. Geodaten werden in verschiedenen Branchen wie Einzelhandel, Logistik, Immobilien und Tourismus eingesetzt.

5. Maschinendaten: In industriellen Umgebungen generieren Maschinen kontinuierlich Daten über ihre Leistung, Betriebszustände und Wartungsbedarf. Durch die Analyse von Maschinendaten können Unternehmen frühzeitig auf Anomalien oder Ausfälle reagieren, die Effizienz verbessern und den Wartungsbedarf optimieren. Maschinendaten sind ein wichtiger Bestandteil des Konzepts der Industrie 4.0, bei dem vernetzte Maschinen und intelligente Analytik eine zentrale Rolle spielen.

Diese neuen Datenquellen stellen Unternehmen vor Herausforderungen in Bezug auf Datenerfassung, -speicherung, -verarbeitung und -analyse. Sie erfordern oft den Einsatz von fortschrittlichen Technologien wie Cloud-Computing, verteilten Systemen und spezialisierten Analysewerkzeugen. Darüber hinaus müssen Datenschutz- und Sicherheitsaspekte berücksichtigt werden, um sicherzustellen, dass die gesammelten Daten rechtmäßig und geschützt sind.

Die Integration von traditionellen und neuen Datenquellen ermöglicht es Unternehmen, ein umfassendes Bild ihrer Datenlandschaft zu erhalten und die vielfältigen Möglichkeiten von Big Data auszuschöpfen. Die sorgfältige Analyse und Nutzung dieser Datenquellen können wertvolle Erkenntnisse liefern und Unternehmen dabei helfen, fundierte Entscheidungen zu treffen, innovative Produkte und Dienstleistungen zu entwickeln und Wettbewerbsvorteile zu erlangen.

6.4.7 - Externe Datenquellen (z. B. öffentliche Datenbanken, Wetterdaten)

Neben den traditionellen und neuen Datenquellen gibt es eine Vielzahl externer Datenquellen, die Unternehmen nutzen können, um ihre Datensätze zu erweitern und zusätzliche Einblicke zu gewinnen. Diese externen Datenquellen stammen oft aus öffentlichen Quellen und bieten einen breiten Überblick über verschiedene Aspekte der Gesellschaft und Umwelt. Im Folgenden werden einige wichtige externe Datenquellen vorgestellt:

1. Öffentliche Datenbanken: Regierungen, Behörden und Organisationen stellen häufig öffentliche Datenbanken zur Verfügung, die Informationen über Bevölkerung, Wirtschaft, Gesundheit, Bildung und andere soziale und wirtschaftliche Aspekte enthalten. Diese Datenbanken umfassen Statistiken, Berichte, Umfragen und andere Informationen, die für die allgemeine Öffentlichkeit zugänglich sind. Unternehmen können auf diese Daten zugreifen, um Markttrends zu analysieren, demografische Informationen zu nutzen und fundierte Geschäftsentscheidungen zu treffen.

2. Geografische Informationenssysteme (GIS): GIS-Daten umfassen geografische Informationen wie Landkarten, geografische Koordinaten, Satellitenbilder und topografische Daten. Diese Informationen ermöglichen es Unternehmen, räumliche Analysen durchzuführen, Standortdaten zu

nutzen und geografische Muster und Zusammenhänge zu identifizieren. GIS-Daten
werden in verschiedenen Bereichen wie
Stadtplanung, Umweltmanagement, Logistik und Immobilien eingesetzt.

3. Wetterdaten: Wetterdaten spielen eine
   wichtige Rolle in vielen Branchen, darunter
   Landwirtschaft, Versicherungen, Tourismus
   und Transport. Durch den Zugriff auf Wetterdaten können Unternehmen Wetterbe-
   dingungen analysieren, saisonale Trends
   identifizieren und ihre Aktivitäten entsprechend planen. Wetterdaten umfassen Informationen wie Temperatur, Nieder-
   schlagsmenge, Luftfeuchtigkeit, Windge-
   schwindigkeit und -richtung.

4. Finanzdaten: Externe Finanzdatenquellen
   liefern Informationen über Finanzmärkte,
   Aktienkurse, Unternehmensberichte und
   Wirtschaftsindikatoren. Diese Daten sind
   für Unternehmen im Finanzbereich von
   großer Bedeutung, um fundierte Anlage-
   entscheidungen zu treffen, Risiken zu bewerten und Finanzmodelle zu entwickeln.
   Finanzdatenquellen umfassen Börsenweb-
   sites, Finanznachrichtendienste und spezialisierte Datenanbieter.

5. Medien- und Nachrichtendaten: Medien-
   und Nachrichtendaten bieten einen Einblick
   in öffentliche Meinungen, Medienberichter-
   stattung und aktuelle Ereignisse. Unternehmen können auf diese Datenquellen

zugreifen, um das Stimmungsbild zu bestimmten Themen oder Marken zu verstehen, die Wirksamkeit ihrer PR- und Marketingaktivitäten zu messen und potenzielle Krisen zu erkennen. Medien- und Nachrichtendaten umfassen Zeitungsartikel, Blogs, Social-Media-Beiträge und andere Medieninhalte.

Die Nutzung externer Datenquellen erweitert den Horizont von Unternehmen und ermöglicht es ihnen, über ihre internen Daten hinauszuschauen und umfassendere Analysen und Erkenntnisse zu gewinnen. Es ist jedoch wichtig zu beachten, dass die Integration und Verarbeitung dieser externen Datenquellen technische und rechtliche Herausforderungen mit sich bringen kann. Unternehmen müssen sicherstellen, dass sie die erforderlichen Datenzugriffsrechte haben und die Datenschutzbestimmungen einhalten, um die Integrität und Sicherheit der Daten zu gewährleisten. Mit einer sorgfältigen Datenstrategie und den richtigen Tools können Unternehmen die Potenziale externer Datenquellen nutzen und ihre datengetriebenen Entscheidungen auf eine solide Grundlage stellen.

6.4.8 - Verarbeitung und Analyse von Big Data

Die Verarbeitung und Analyse von Big Data ist ein wesentlicher Schritt, um wertvolle Erkenntnisse und Mehrwert aus den riesigen Datenmengen zu gewinnen. Aufgrund der Umfang, Vielfalt und Geschwindigkeit von Big Data erfordert die Verarbeitung spezielle Techniken und Tools. In diesem Abschnitt werden einige gängige Methoden und Technologien zur Verarbeitung und Analyse von Big Data vorgestellt:

1. Datenaggregation: Bei der Verarbeitung von Big Data ist eine der ersten Aufgaben die Aggregation der Daten. Dabei werden die verschiedenen Datenquellen zusammengeführt und zu einem konsolidierten Datensatz zusammengefasst. Dieser Schritt ermöglicht es, große Mengen an Daten zu handhaben und gleichzeitig die Integrität und Vollständigkeit der Daten zu gewährleisten.

2. Datenbereinigung: Da Big Data aus unterschiedlichen Quellen stammen kann, ist es häufig erforderlich, die Daten auf Fehler, Inkonsistenzen oder unvollständige Einträge zu überprüfen und zu bereinigen. Dieser Prozess beinhaltet die Identifizierung und Entfernung von Duplikaten, das Ausfüllen von fehlenden Werten und das Korrigieren von Inkonsistenzen, um sicherzustellen, dass die Daten von hoher Qualität sind.

3. Datenintegration: Die Integration von Big

Data umfasst den Zusammenführung von Daten aus verschiedenen Quellen und Formaten, um ein umfassendes Bild zu erhalten. Dabei werden häufig spezielle Tools und Technologien wie ETL (Extract, Transform, Load) eingesetzt, um die Daten in einem einheitlichen Format zu vereinheitlichen und in einer zentralen Datenbank oder Data Warehouse zu speichern.

4. Datenanalyse: Die Analyse von Big Data umfasst verschiedene Methoden und Techniken zur Extrahierung von Erkenntnissen und Mustern aus den Daten. Hier kommen sowohl statistische Verfahren als auch fortschrittliche Techniken wie maschinelles Lernen und künstliche Intelligenz zum Einsatz. Durch die Analyse von Big Data können Unternehmen Trends identifizieren, Vorhersagen treffen, Kundenverhalten verstehen und fundierte Entscheidungen treffen.

5. Skalierbare Datenverarbeitungstechnologien: Da Big Data große Datenmengen umfasst, sind herkömmliche Datenverarbeitungstechnologien oft nicht ausreichend. Daher werden skalierbare Technologien wie Hadoop, Apache Spark und NoSQL-Datenbanken eingesetzt, um die Verarbeitung und Analyse von Big Data zu unterstützen. Diese Technologien ermöglichen die parallele Verarbeitung großer Datenmengen auf verteilten Systemen und bieten hohe Leistungsfähigkeit und Skalierbarkeit.

Die Verarbeitung und Analyse von Big Data bietet Unternehmen die Möglichkeit, wertvolle Erkenntnisse zu gewinnen und datenbasierte Entscheidungen zu treffen. Es ist jedoch wichtig zu beachten, dass die Verarbeitung und Analyse von Big Data technische Herausforderungen mit sich bringen kann, insbesondere in Bezug auf die Datenintegrität, -sicherheit und -privatsphäre. Daher ist es entscheidend, angemessene Datenschutzrichtlinien und Sicherheitsmaßnahmen zu implementieren, um die Vertraulichkeit und Integrität der Daten zu gewährleisten.

6.4.9 - Data Warehousing und Data Lakes

Data Warehousing und Data Lakes sind zwei Ansätze zur Speicherung und Verwaltung großer Datenmengen, insbesondere von Big Data. Obwohl sie ähnliche Ziele verfolgen, gibt es Unterschiede in ihrer Architektur und Funktionalität. In diesem Abschnitt werden diese beiden Konzepte genauer betrachtet:

1. Data Warehousing:
   Data Warehousing ist ein Ansatz, bei dem Daten aus verschiedenen Quellen extrahiert, transformiert und in einem zentralen Repository, dem sogenannten Data Warehouse, gespeichert werden. Das Data Warehouse ist speziell für die Analyse und Berichterstattung konzipiert und bietet eine strukturierte und organisierte Sicht auf die Daten. Es umfasst eine Reihe von Prozessen wie Datenextraktion, Datenbereinigung, Datenintegration und Datenaggregation, um qualitativ hochwertige Daten für analytische Zwecke bereitzustellen. Data Warehouses werden oft in Unternehmen eingesetzt, um Geschäftsentscheidungen zu unterstützen, indem sie einen konsolidierten und konsistenten Datenbestand liefern.

2. Data Lakes:
   Im Gegensatz zu Data Warehouses folgt der Ansatz des Data Lakes einer "rohen" oder "unkonventionellen" Datenspeiche-

rung. Data Lakes sind riesige Repositories, in denen Daten in ihrer ursprünglichen, unverarbeiteten Form gespeichert werden. Hier können Daten aus verschiedenen Quellen wie strukturierte Datenbanken, unstrukturierte Dateien, soziale Medien und IoT-Geräte gesammelt werden. Data Lakes bieten eine hohe Skalierbarkeit und Flexibilität, da sie es ermöglichen, Daten in ihrem nativen Format zu speichern und erst bei Bedarf zu transformieren. Dies erleichtert den Zugriff auf die Daten für verschiedene Analysezwecke und erlaubt es, neue Fragestellungen zu untersuchen, ohne dass eine vorherige Datenmodellierung erforderlich ist.

3. Unterschiede und Integration:
Data Warehousing und Data Lakes haben unterschiedliche Schwerpunkte und Anwendungsfälle, aber sie können auch miteinander integriert werden, um die Vorteile beider Ansätze zu kombinieren. Data Warehouses bieten strukturierte und vorverarbeitete Daten für analytische Zwecke, während Data Lakes die Speicherung und den Zugriff auf große, unstrukturierte Datenmengen ermöglichen. Durch die Integration von Data Warehouses und Data Lakes können Unternehmen sowohl strukturierte als auch unstrukturierte Daten nutzen und von erweiterten Analysemöglichkeiten profitieren.

4. Datenmanagement und Sicherheit:

Sowohl Data Warehousing als auch Data Lakes erfordern ein effektives Datenmanagement und Sicherheitsmaßnahmen. Datenqualität, Datenintegrität und Datenschutz sind wichtige Aspekte bei der Verwaltung von Big Data. Unternehmen müssen sicherstellen, dass die Daten korrekt und zuverlässig sind, um genaue Analysen und fundierte Entscheidungen zu ermöglichen. Darüber hinaus ist der Schutz sensibler Daten von großer Bedeutung, insbesondere in Bezug auf Datenschutzvorschriften und Compliance-Anforderungen.

5. Zukünftige Entwicklungen:
Mit der ständig wachsenden Datenmenge und dem technologischen Fortschritt werden sowohl Data Warehousing als auch Data Lakes weiterentwickelt und optimiert. Neue Ansätze wie "Data Lakehouses" entstehen, die die Vorteile beider Konzepte kombinieren und eine nahtlose Datenverarbeitung und -analyse ermöglichen sollen. Die Zukunft des Datenmanagements wird durch Innovationen in den Bereichen Datenintegration, Datenqualität und Analysetechnologien geprägt sein, um Unternehmen dabei zu unterstützen, das volle Potenzial ihrer Big Data zu nutzen.

Insgesamt bieten Data Warehousing und Data Lakes verschiedene Möglichkeiten zur Speicherung, Verwaltung und Analyse großer Datenmengen. Die Wahl des geeigneten Ansatzes hängt von den spezifischen Anforderungen eines Unternehmens ab. Data Warehousing eignet sich gut für strukturierte Daten und die Unterstützung von Geschäftsentscheidungen, während Data Lakes eine flexible Datenspeicherung für eine breite Palette von Datenformaten bieten. Unternehmen sollten ihre Datenstrategie sorgfältig planen und die richtige Infrastruktur schaffen, um das Potenzial ihrer Big Data optimal auszuschöpfen.

6.4.10 - Hadoop und MapReduce

Hadoop und MapReduce sind zwei wichtige Technologien im Bereich der Big Data-Verarbeitung. Sie wurden entwickelt, um die Verarbeitung großer Datenmengen effizient und skalierbar zu gestalten. In diesem Abschnitt werden wir uns genauer mit Hadoop und MapReduce befassen:

1. Hadoop:
   Hadoop ist ein Open-Source-Framework, das speziell für die Verarbeitung und Speicherung großer Datenmengen entwickelt wurde. Es besteht aus zwei Kernkomponenten: dem Hadoop Distributed File System (HDFS) und dem Hadoop MapReduce-Framework. Das HDFS ist ein verteiltes Dateisystem, das große Datenmengen über mehrere Computerknoten hinweg speichert und verwaltet. Es ermöglicht eine hohe Skalierbarkeit und Fehlertoleranz, indem es Daten auf verschiedene Knoten repliziert. Das Hadoop MapReduce-Framework ermöglicht die parallele Verarbeitung von Daten über mehrere Computerknoten hinweg. Es teilt die Daten in kleinere Teile auf und führt dann die Berechnungen auf den einzelnen Knoten aus, wobei die Ergebnisse am Ende zusammengeführt werden.

2. MapReduce:
   MapReduce ist ein Programmiermodell und ein Algorithmus zur Verarbeitung großer Datenmengen. Es besteht aus zwei Hauptphasen: der Map-Phase und der Redu-

ce-Phase. In der Map-Phase werden die Eingabedaten in kleinere Teile aufgeteilt und parallel auf verschiedenen Knoten verarbeitet. Jeder Knoten wendet eine spezifische Funktion auf die Teildaten an und erzeugt ein Zwischenergebnis. In der Reduce-Phase werden die Zwischenergebnisse zusammengeführt und zu einem endgültigen Ergebnis aggregiert. Das MapReduce-Modell ermöglicht die effiziente Verarbeitung großer Datenmengen, indem es die Arbeit auf mehrere Knoten verteilt und die Verarbeitungsschritte parallelisiert.

3. Anwendungen von Hadoop und MapReduce:
Hadoop und MapReduce haben in verschiedenen Bereichen Anwendungen gefunden. Sie werden häufig in Unternehmen eingesetzt, um große Datenmengen zu analysieren, komplexe Abfragen durchzuführen und Erkenntnisse aus den Daten zu gewinnen. Hadoop und MapReduce sind auch in der wissenschaftlichen Forschung, im Gesundheitswesen, im Finanzwesen und in anderen Branchen weit verbreitet. Sie ermöglichen es, große Datenmengen effizient zu verarbeiten und komplexe Analysen durchzuführen, die zuvor aufgrund der Datenmenge oder der Rechenressourcen nicht möglich waren.

4. Herausforderungen und Weiterentwicklungen:
Obwohl Hadoop und MapReduce viele Vor-

teile bieten, sind sie auch mit einigen Herausforderungen verbunden. Die Verarbeitung großer Datenmengen erfordert leistungsstarke Rechenressourcen und eine effiziente Verteilung der Daten auf die Knoten. Die Skalierbarkeit und Fehlertoleranz von Hadoop müssen sorgfältig verwaltet werden, um optimale Ergebnisse zu erzielen. Darüber hinaus gibt es Weiterentwicklungen im Bereich der Big Data-Verarbeitung, die über Hadoop und MapReduce hinausgehen. Neue Technologien wie Apache Spark und andere Frameworks bieten leistungsstärkere und flexiblere Möglichkeiten zur Verarbeitung von Big Data.

5. Zusammenfassung:
Hadoop und MapReduce sind wichtige Technologien zur Verarbeitung großer Datenmengen. Hadoop bietet eine skalierbare Speicherung und Verwaltung großer Datenmengen über verteilte Knoten hinweg, während MapReduce die parallele Verarbeitung der Daten ermöglicht. Diese Technologien haben zahlreiche Anwendungen in verschiedenen Bereichen und ermöglichen die effiziente Verarbeitung und Analyse großer Datenmengen. Dennoch gibt es auch Herausforderungen und neue Entwicklungen, die im Bereich der Big Data-Verarbeitung berücksichtigt werden müssen.

Abschließend lässt sich sagen, dass Hadoop und MapReduce wichtige Werkzeuge für die Bewältigung der Herausforderungen im Bereich der Big Data-Verarbeitung sind und Unternehmen dabei unterstützen, wertvolle Erkenntnisse aus ihren Daten zu gewinnen. Durch ihre Skalierbarkeit, Fehlertoleranz und effiziente Datenverarbeitung tragen sie maßgeblich zur Weiterentwicklung des Big Data-Bereichs bei.

6.4.11 - NoSQL-Datenbanken

NoSQL-Datenbanken haben in den letzten Jahren stark an Bedeutung gewonnen und sind zu einer beliebten Alternative zu traditionellen relationalen Datenbanken geworden. In diesem Abschnitt werden wir uns mit NoSQL-Datenbanken befassen und ihre Bedeutung in der Big Data-Verarbeitung diskutieren:

1. Einführung in NoSQL-Datenbanken: NoSQL steht für "not only SQL" und bezeichnet eine Gruppe von Datenbanktechnologien, die nicht das relationale Datenmodell von SQL-Datenbanken verwenden. Im Gegensatz zu relationalen Datenbanken ermöglichen NoSQL-Datenbanken eine flexible und skalierbare Verarbeitung großer Datenmengen. Sie sind speziell darauf ausgelegt, unstrukturierte, halbstrukturierte und stark variierende Daten effizient zu speichern und zu verarbeiten.

2. Merkmale von NoSQL-Datenbanken: NoSQL-Datenbanken zeichnen sich durch verschiedene Merkmale aus, die sie für bestimmte Anwendungsfälle besonders geeignet machen. Dazu gehören:
   1. Horizontale Skalierbarkeit: NoSQL-Datenbanken können leicht auf mehrere Server oder Knoten skalieren, um die Verarbeitung großer Datenmengen zu ermöglichen. Sie ermöglichen eine einfache und effiziente Verteilung der Da-

ten über verschiedene Knoten hinweg.

2. Flexible Datenschemata: Im Gegensatz zu relationalen Datenbanken erfordern NoSQL-Datenbanken kein vordefiniertes Schema. Dies ermöglicht eine einfache Anpassung an sich ändernde Datenstrukturen und eine schnelle Entwicklung.

3. Hohe Verfügbarkeit und Fehlertoleranz: NoSQL-Datenbanken bieten Mechanismen zur Gewährleistung hoher Verfügbarkeit und Fehlertoleranz. Durch Replikation der Daten auf verschiedene Knoten können Ausfälle einzelner Knoten kompensiert werden.

4. Unterstützung für verteilte Datenverarbeitung: NoSQL-Datenbanken ermöglichen die parallele Verarbeitung von Daten über verschiedene Knoten hinweg. Dies ermöglicht eine schnelle und effiziente Verarbeitung großer Datenmengen.

3. Arten von NoSQL-Datenbanken:
Es gibt verschiedene Arten von NoSQL-Datenbanken, die auf unterschiedliche Anwendungsfälle zugeschnitten sind. Dazu gehören:
1. Dokumentdatenbanken: Diese Art von NoSQL-Datenbanken speichern Daten in flexiblen Dokumentformaten wie JSON oder XML. Sie ermöglichen eine

einfache Handhabung von unstrukturierten oder halbstrukturierten Daten.

2. Schlüssel-Wert-Datenbanken: Schlüssel-Wert-Datenbanken speichern Daten
in einem einfachen Schlüssel-Wert-For-
mat. Sie eignen sich gut für den
schnellen Zugriff auf einzelne Datensätze.

3. Spaltenorientierte Datenbanken: Diese
Art von NoSQL-Datenbanken speichert
Daten spaltenweise anstatt zeilenweise.
Sie sind besonders gut für die Analyse
großer Datenmengen geeignet.

4. Graphdatenbanken: Graphdatenbanken
speichern Daten in Form von Knoten
und Kanten und ermöglichen komplexe
Abfragen und Analysen von Beziehungen zwischen den Daten.

4. Einsatz von NoSQL-Datenbanken in der Big
Data-Verarbeitung:
NoSQL-Datenbanken spielen eine wichtige
Rolle in der Verarbeitung von Big Data. Sie
ermöglichen die effiziente Speicherung und
Verarbeitung großer Datenmengen und
sind skalierbar und flexibel. Unternehmen
nutzen NoSQL-Datenbanken, um unstrukturierte Daten aus verschiedenen Quellen
zu speichern und komplexe Analysen
durchzuführen. Insbesondere in den Bereichen Echtzeit-Analyse, IoT-Datenverarbei-
tung und Social Media-Analyse haben NoS-

QL-Datenbanken ihre Vorteile unter Beweis gestellt.

5. Herausforderungen bei der Verwendung von NoSQL-Datenbanken:
Obwohl NoSQL-Datenbanken viele Vorteile bieten, gibt es auch Herausforderungen bei ihrer Verwendung. Dazu gehören:

1. Konsistenz: NoSQL-Datenbanken bieten oft eine schwächere Konsistenzgarantie im Vergleich zu relationalen Datenbanken. Dies kann zu Kompromissen bei der Konsistenz der Daten führen, insbesondere in verteilten Umgebungen.

2. Abfragemöglichkeiten: NoSQL-Datenbanken bieten möglicherweise nicht die gleiche Flexibilität und Leistungsfähigkeit bei komplexen Abfragen wie relationale Datenbanken. Die Wahl der richtigen NoSQL-Datenbank hängt daher von den spezifischen Anforderungen des Anwendungsfalls ab.

3. Datenmigration: Die Migration von Daten von einer relationalen Datenbank zu einer NoSQL-Datenbank kann eine komplexe Aufgabe sein und erfordert eine sorgfältige Planung und Durchführung.

4. Lernkurve: Die Arbeit mit NoSQL-Datenbanken erfordert oft eine Einarbeitung in neue Konzepte und Technologi-

en, insbesondere für Entwickler und Datenbankadministratoren, die mit relationalen Datenbanken vertraut sind.

Zusammenfassend lässt sich sagen, dass NoSQL-Datenbanken eine wichtige Rolle in der Big Data-Verarbeitung spielen. Sie bieten skalierbare und flexible Möglichkeiten zur Speicherung und Verarbeitung großer Datenmengen. Die Wahl der richtigen NoSQL-Datenbank hängt von den spezifischen Anforderungen des Anwendungsfalls ab, und es ist wichtig, die Vor- und Nachteile jeder Art von NoSQL-Datenbank zu berücksichtigen. Mit den richtigen Werkzeugen und dem entsprechenden Know-how können Unternehmen wertvolle Erkenntnisse aus ihren Big Data gewinnen und ihre Entscheidungsprozesse optimieren.

6.4.12 - Echtzeit-Analyse von Big Data

Die Echtzeit-Analyse von Big Data ist ein entscheidender Aspekt in der Verarbeitung großer Datenmengen. Sie ermöglicht es Unternehmen, Echtzeitinformationen aus ihren Daten zu gewinnen und schnell auf Veränderungen zu reagieren. In diesem Abschnitt werden wir uns genauer mit der Echtzeit-Analyse von Big Data befassen:

1. Bedeutung der Echtzeit-Analyse:
   In der heutigen digitalen Ära generieren Unternehmen kontinuierlich große Mengen an Daten in Echtzeit. Die Fähigkeit, diese Daten sofort zu analysieren und daraus Erkenntnisse zu gewinnen, ist von großer Bedeutung. Die Echtzeit-Analyse ermöglicht Unternehmen, Geschäftsentscheidungen auf der Grundlage aktueller Daten zu treffen, Kundenverhalten in Echtzeit zu verstehen und proaktiv auf sich ändernde Bedingungen zu reagieren.

2. Herausforderungen der Echtzeit-Analyse:
   Die Echtzeit-Analyse von Big Data stellt Unternehmen vor einige Herausforderungen. Dazu gehören:

   1. Datenverarbeitungsgeschwindigkeit:
      Um Echtzeit-Analysen durchzuführen, müssen Daten in hoher Geschwindigkeit erfasst, verarbeitet und analysiert werden. Dies erfordert leistungsstarke Datenverarbeitungssysteme und Tech-

nologien, die in der Lage sind, die Datenströme in Echtzeit zu bewältigen.

2. Datenintegration: Unternehmen verfügen oft über Daten aus verschiedenen Quellen, die in Echtzeit integriert werden müssen, um eine ganzheitliche Analyse durchzuführen. Die Datenintegration kann komplex sein und erfordert eine nahtlose Verbindung zwischen verschiedenen Datenquellen und Systemen.

3. Datenqualität: Die Echtzeit-Analyse erfordert hochwertige und zuverlässige Daten. Es ist wichtig, sicherzustellen, dass die Daten in Echtzeit erfasst und verarbeitet werden und dass sie von hoher Qualität sind, um genaue und aussagekräftige Ergebnisse zu erzielen.

4. Skalierbarkeit: Die Echtzeit-Analyse erfordert skalierbare Systeme, die in der Lage sind, mit wachsenden Datenmengen umzugehen. Unternehmen müssen sicherstellen, dass ihre Infrastruktur die steigenden Anforderungen an die Echtzeit-Analyse bewältigen kann.

3. Technologien für die Echtzeit-Analyse:
Es gibt verschiedene Technologien, die Unternehmen bei der Echtzeit-Analyse von Big Data unterstützen. Dazu gehören:

1. Stream Processing: Stream-Processing-

Technologien ermöglichen die Echtzeit-Verarbeitung von Datenströmen. Sie erfassen kontinuierlich Daten, analysieren sie in Echtzeit und liefern sofortige Erkenntnisse.

2. In-Memory Computing: In-Memory-Computing-Technologien ermöglichen die Speicherung und Verarbeitung großer Datenmengen im Arbeitsspeicher. Dies ermöglicht eine schnelle und effiziente Echtzeit-Analyse.

3. Complex Event Processing: Complex Event Processing (CEP) ermöglicht die Erkennung und Analyse von Ereignissen in Echtzeit. Es identifiziert relevante Ereignisse aus den Datenströmen und ermöglicht eine sofortige Reaktion.

4. Real-Time Analytics-Plattformen: Es gibt spezielle Plattformen und Tools, die Unternehmen bei der Echtzeit-Analyse von Big Data unterstützen. Diese Plattformen bieten leistungsstarke Funktionen zur Datenverarbeitung, Analyse und Visualisierung in Echtzeit.

Die Echtzeit-Analyse von Big Data bietet Unternehmen die Möglichkeit, ihre Geschäftsentscheidungen zu optimieren und wertvolle Einblicke in Echtzeit zu gewinnen. Durch den Einsatz geeigneter Technologien und die Bewältigung der Herausforderungen können Unternehmen ihre Wettbewerbsfähigkeit steigern und bessere Kundenerleb-

nisse schaffen. Es ist wichtig, die spezifischen Anforderungen des Unternehmens zu berücksichtigen und die richtigen Tools und Technologien für
die Echtzeit-Analyse auszuwählen. Mit einer effektiven Echtzeit-Analysestrategie können Unternehmen den vollen Wert ihrer Big Data nutzen und
ihre Geschäftsprozesse optimieren.

6.4.13 - Datenqualität und -relevanz

Datenqualität und -relevanz spielen eine entscheidende Rolle bei der Verarbeitung und Analyse von Big Data. In diesem Abschnitt werden wir uns mit der Bedeutung von Datenqualität und -relevanz befassen und wie sie die Big-Data-Analyse beeinflussen.

1. Datenqualität:
   Die Datenqualität bezieht sich auf die Genauigkeit, Vollständigkeit, Konsistenz und Aktualität der Daten. Bei der Verarbeitung großer Datenmengen ist es von entscheidender Bedeutung, dass die Daten von hoher Qualität sind, um verlässliche und aussagekräftige Ergebnisse zu erzielen. Schlechte Datenqualität kann zu falschen Schlussfolgerungen und fehlerhaften Entscheidungen führen. Es ist daher wichtig, dass Unternehmen Maßnahmen ergreifen, um die Datenqualität sicherzustellen. Dazu gehören Datenbereinigung, Daten-Validierung und -verifizierung sowie die Implementierung von Datenqualitätsstandards und -richtlinien.

2. Datenrelevanz:
   Die Datenrelevanz bezieht sich auf die Bedeutung und Relevanz der Daten für den analysierten Kontext. Nicht alle verfügbaren Daten sind für die Big-Data-Analyse gleichermaßen relevant. Es ist wichtig, die relevanten Daten zu identifizieren und zu

nutzen, um aussagekräftige Einblicke zu gewinnen. Die Relevanz der Daten hängt von den Zielen der Analyse und den spezifischen Anforderungen des Unternehmens ab. Unternehmen sollten klare Kriterien für die Auswahl relevanter Daten festlegen und sicherstellen, dass diese in die Analyse einbezogen werden.

3. Datenqualitätsprobleme:
Bei der Verarbeitung von Big Data können verschiedene Datenqualitätsprobleme auftreten. Dazu gehören:

   1. Unvollständige Daten: Es können Daten fehlen oder unvollständig erfasst werden, was zu Lücken und Verzerrungen in der Analyse führen kann.

   2. Ungenauigkeit der Daten: Daten können Fehler enthalten, entweder durch menschliches Versagen oder durch automatisierte Datenquellen. Ungenaue Daten können zu falschen Schlussfolgerungen und unzuverlässigen Ergebnissen führen.

   3. Inkonsistente Daten: Daten können inkonsistent sein, wenn sie aus verschiedenen Quellen stammen oder unterschiedliche Formate aufweisen. Inkonsistente Daten können die Analyse erschweren und zu fehlerhaften Ergebnissen führen.

4. Veraltete Daten: Daten können an Aktualität verlieren, insbesondere in
   schnelllebigen Umgebungen. Veraltete
   Daten können zu falschen Entscheidungen führen, da sie die aktuellen Bedingungen und Trends nicht widerspiegeln.

5. Datenschutz und Sicherheit: Datenqualität umfasst auch den Schutz personenbezogener Daten und die Sicher-
   stellung der Datensicherheit. Unternehmen müssen sicherstellen, dass die
   verarbeiteten Daten den Datenschutzbestimmungen entsprechen und angemessen gesichert sind.

4. Datenqualitätsmaßnahmen:
   Um die Datenqualität zu verbessern, können Unternehmen verschiedene Maßnahmen ergreifen. Dazu gehören:
   1. Datenbereinigung: Durch die Entfer-
      nung von Duplikaten, Fehlerkorrektu-
      ren und Standardisierung können Un-
      ternehmen die Datenqualität verbes-
      sern.

   2. Daten-Validierung und -verifizierung:
      Durch den Einsatz von Validierungs-
      und Verifizierungsverfahren können Un-
      ternehmen die Genauigkeit und Konsis-
      tenz der Daten überprüfen.

   3. Datenqualitätsstandards und -richtlini-
      en: Unternehmen sollten klare Stan-
      dards und Richtlinien für die Datenqua-

lität festlegen, um sicherzustellen, dass alle relevanten Datenqualitätsaspekte berücksichtigt werden.

4. Datenüberwachung: Durch regelmäßige Überwachung der Datenqualität können Unternehmen potenzielle Probleme frühzeitig erkennen und beheben.

5. Schulung und Sensibilisierung: Mitarbeiter sollten geschult werden, um die Bedeutung von Datenqualität zu verstehen und bewusst mit qualitativ hochwertigen Daten umzugehen.

Die Datenqualität und -relevanz sind entscheidend für den Erfolg von Big-Data-Analysen. Unternehmen sollten sicherstellen, dass sie über geeignete Mechanismen und Strategien verfügen, um die Datenqualität zu verbessern und die relevanten Daten für die Analyse auszuwählen. Durch eine konsequente Fokussierung auf Datenqualität und -relevanz können Unternehmen verlässliche Erkenntnisse gewinnen und fundierte Entscheidungen treffen, die ihr Geschäft vorantreiben.

6.4.14 - Skalierbarkeit und Performance

Skalierbarkeit und Performance sind wichtige Aspekte bei der Verarbeitung von Big Data. In diesem Abschnitt werden wir uns mit der Bedeutung

1. Skalierbarkeit:
   Skalierbarkeit bezieht sich auf die Fähigkeit eines Systems, mit steigender Datenmenge und Nutzerlast umzugehen, ohne dass die Leistung beeinträchtigt wird. Bei der Verarbeitung von Big Data ist es von entscheidender Bedeutung, dass die Systeme skalierbar sind, um mit dem exponentiellen Wachstum von Daten und Anforderungen Schritt zu halten. Skalierbare Systeme ermöglichen es Unternehmen, ihre Dateninfrastruktur flexibel anzupassen und Ressourcen nach Bedarf zu erweitern oder zu reduzieren. Dadurch können sie große Datenmengen effizient verarbeiten und schnelle Analyseergebnisse erzielen.

   Es gibt zwei Arten von Skalierbarkeit: horizontale und vertikale Skalierbarkeit. Horizontale Skalierbarkeit bezieht sich auf die Möglichkeit, weitere Ressourcen hinzuzufügen, indem zusätzliche Hardware oder Cloud-Ressourcen verwendet werden. Vertikale Skalierbarkeit bezieht sich auf die Erweiterung eines Systems durch den Einsatz leistungsstärkerer Hardware oder Ressourcen. Beide Ansätze haben Vor- und Nachteile und können je nach den Anforderungen des Unternehmens angewendet werden.

2. Performance:
   Performance bezieht sich auf die Geschwindigkeit und Effizienz, mit der ein
   System Daten verarbeiten und Analysen
   durchführen kann. Bei der Verarbeitung
   von Big Data ist es wichtig, dass die Systeme eine hohe Leistungsfähigkeit aufweisen, um Analysen in angemessener Zeit
   durchzuführen. Eine schlechte Performance
   kann zu Verzögerungen bei der Datenverarbeitung und Analyse führen, was die Effektivität und den Wert der Analyseergebnisse beeinträchtigen kann.

3. Es gibt mehrere Faktoren, die die Performance beeinflussen können. Dazu gehören
   die Hardwareinfrastruktur, die Netzwerkbandbreite, die Optimierung der Datenverarbeitungsalgorithmen und die Parallelisie-
   rung von Berechnungen. Unternehmen
   sollten sicherstellen, dass sie über leis-
   tungsfähige Systeme und effiziente Algorithmen verfügen, um eine optimale Performance bei der Verarbeitung von Big
   Data zu gewährleisten.

4. Herausforderungen bei Skalierbarkeit und
   Performance:
   Die Skalierbarkeit und Performance bei der
   Verarbeitung von Big Data bringen auch ei-
   nige Herausforderungen mit sich. Dazu ge-
   hören:

1. Datenverteilung und -partitionierung: Bei großen Datenmengen müssen die Daten auf verschiedene Systeme oder Knoten verteilt und effizient partitioniert werden, um die parallele Verarbeitung zu ermöglichen. Eine unzureichende Verteilung und Partitionierung kann zu Engpässen und einer schlechten Performance führen.

2. Datenübertragung und -kommunikation: Bei der Verarbeitung von Big Data müssen große Datenmengen zwischen verschiedenen Systemen oder Knoten übertragen werden. Eine hohe Netzwerkbandbreite und effiziente Kommunikationsprotokolle sind erforderlich, um die Datenübertragung zu optimieren und Engpässe zu vermeiden.

3. Algorithmische Effizienz: Die Effizienz der verwendeten Datenverarbeitungsalgorithmen beeinflusst ebenfalls die Performance. Unternehmen sollten effiziente Algorithmen verwenden und diese optimieren, um die Verarbeitungszeit zu reduzieren.

4. Ressourcenverwaltung: Skalierbare Systeme erfordern eine effiziente Ressourcenverwaltung, um die Nutzung der verfügbaren Ressourcen zu optimieren. Eine ineffiziente Ressourcenverwaltung kann zu einer ungleichmäßigen Auslastung und einer schlechten

Performance führen.

Unternehmen müssen diese Herausforderungen bei der Planung und Implementierung ihrer Big-Data-Infrastruktur berücksichtigen, um eine skalierbare und leistungsstarke Umgebung für die Datenverarbeitung und -analyse zu schaffen.

Insgesamt spielen Skalierbarkeit und Performance eine entscheidende Rolle bei der effektiven Verarbeitung und Analyse von Big Data. Unternehmen sollten darauf achten, dass ihre Systeme skalierbar sind, um mit dem Wachstum von Daten und Anforderungen Schritt zu halten, und eine hohe Performance aufweisen, um schnelle und effiziente Analysen durchzuführen. Durch die Bewältigung der Herausforderungen und die Nutzung von effizienten Technologien und Algorithmen können Unternehmen das volle Potenzial ihrer Big-Data-Analysen ausschöpfen und wertvolle Erkenntnisse gewinnen.

6.4.15 - Integration und Interoperabilität von Daten

Die Integration und Interoperabilität von Daten ist ein wesentlicher Aspekt bei der Verarbeitung und Analyse von Big Data. In diesem Abschnitt werden wir uns mit der Bedeutung der Integration und Interoperabilität von Daten befassen und wie sie zur Maximierung des Mehrwerts von Big Data beitragen.

1. Integration von Daten:
    Die Integration von Daten bezieht sich auf den Prozess, verschiedene Datenquellen zu kombinieren und in einem einheitlichen Format zusammenzuführen. Bei der Verarbeitung von Big Data stehen Unternehmen oft vor der Herausforderung, Daten aus verschiedenen internen und externen Quellen zu sammeln, darunter Unternehmensdatenbanken, externe Datenbanken, Dateisysteme, soziale Medien und IoT-Geräte. Diese Datenquellen können in unterschiedlichen Formaten und Strukturen vorliegen.

    Die Integration von Daten beinhaltet die Umwandlung der Daten in ein gemeinsames Format, um eine einheitliche Sicht auf die Daten zu ermöglichen. Dies umfasst die Bereinigung, Transformation und Anpassung der Daten, um Inkonsistenzen und Inkohärenzen zu beseitigen. Durch die Integration der Daten können Unternehmen eine umfassende und konsistente Datenbasis schaffen, die als Grundlage für die Analyse und Erkenntnisgewinnung dient.

2. Interoperabilität von Daten:
Die Interoperabilität von Daten bezieht
sich auf die Fähigkeit, Daten zwischen verschiedenen Systemen, Plattformen oder
Anwendungen auszutauschen und zu nutzen. Bei der Verarbeitung von Big Data
kommen oft verschiedene Technologien,
Datenbanken und Analysewerkzeuge zum
Einsatz. Um das volle Potenzial von Big
Data auszuschöpfen, müssen diese Systeme und Werkzeuge miteinander kommunizieren und Daten nahtlos austauschen
können.

Die Interoperabilität von Daten erfordert
Standards und Schnittstellen, die den Datenaustausch und die Zusammenarbeit
zwischen verschiedenen Systemen ermöglichen. Unternehmen sollten sicherstellen,
dass ihre Dateninfrastruktur interoperabel
ist, um Daten reibungslos zwischen verschiedenen Plattformen und Anwendungen
zu übertragen. Dies ermöglicht eine nahtlose Integration von Daten und eine effiziente Zusammenarbeit bei der Datenanalyse.

3. Vorteile der Integration und Interoperabili-
tät von Daten:
Die Integration und Interoperabilität von
Daten bieten verschiedene Vorteile für die
Big-Data-Analyse:

1. Ganzheitliche Datenanalyse: Durch die Integration von Daten aus verschiedenen Quellen können Unternehmen eine umfassende Sicht auf ihre Daten erhalten. Dies ermöglicht es ihnen, Zusammenhänge und Beziehungen zwischen den Daten zu erkennen und ganzheitliche Erkenntnisse zu gewinnen.

2. Verbesserte Datenqualität: Die Integration von Daten ermöglicht es Unternehmen, Dateninkonsistenzen und Fehler zu identifizieren und zu korrigieren. Dadurch verbessert sich die Datenqualität und die Genauigkeit der Analyseergebnisse.

3. Effiziente Datenanalyse: Die Interoperabilität von Daten ermöglicht eine effiziente Datenanalyse, da Daten nahtlos zwischen verschiedenen Systemen und Werkzeugen ausgetauscht werden können. Dies beschleunigt den Analyseprozess und ermöglicht eine schnellere Erkenntnisgewinnung.

4. Erweiterte Analysemöglichkeiten: Durch die Integration und Interoperabilität von Daten können Unternehmen fortschrittliche Analysetechniken wie maschinelles Lernen und künstliche Intelligenz auf umfangreiche und vielfältige Datenbestände anwenden. Dadurch eröffnen sich neue Möglichkeiten zur Identifizierung von Mustern, Trends und

Zusammenhängen in den Daten.

Durch die Integration und Interoperabilität von Daten können Unternehmen das volle Potenzial ihrer Big-Data-Analysen ausschöpfen und umfassende Erkenntnisse gewinnen. Es ist wichtig, eine gut durchdachte Datenstrategie zu entwickeln und Technologien und Standards einzusetzen, die die Integration und Interoperabilität von Daten ermöglichen. Auf diese Weise können Unternehmen die Qualität, Effizienz und Relevanz ihrer Big-Data-Analysen maximieren.

Kapitel 7: Führende Unternehmen und Plattformen für Daten als Service

Im Bereich "Daten als Service" gibt es eine Vielzahl von Unternehmen und Plattformen, die Datenlösungen und -dienstleistungen anbieten. Diese Unternehmen haben sich als Marktführer etabliert und bieten ihren Kunden umfassende Möglichkeiten zur Nutzung von Daten. Hier sind einige führende Unternehmen und Plattformen, die im Bereich Daten als Service hervorstechen:

1. Amazon Web Services (AWS): AWS bietet eine breite Palette von Datenlösungen, darunter Amazon Redshift für datenbankgestützte Analysen, Amazon Kinesis für Echtzeit-Datenstromverarbeitung und Amazon S3 für die Speicherung von Daten. Mit seiner skalierbaren Infrastruktur und seinen vielfältigen Analysewerkzeugen hat AWS eine starke Position als führender Anbieter von Datenlösungen.

2. Google Cloud Platform (GCP): GCP bietet verschiedene Datenanalyse- und Speicherlösungen wie BigQuery für datenbankgestützte Analysen, Cloud Dataflow für die Verarbeitung von Echtzeitdatenströmen und Cloud Storage für die sichere Datenspeicherung. Google Cloud zeichnet sich durch seine fortschrittlichen KI- und ML-Funktionen aus und ist bei Unternehmen aufgrund seiner Leistungsfähigkeit und Skalierbarkeit beliebt.

3. Microsoft Azure: Azure bietet eine breite Palette von Datenlösungen, darunter Azure SQL-Datenbank für datenbankgestützte Analysen, Azure Stream Analytics für Echtzeitdatenverarbeitung und Azure Data Lake Storage für die Speicherung großer Datenmengen. Microsoft Azure hat eine starke Präsenz im Unternehmenssegment und bietet umfangreiche Integrationsmöglichkeiten mit anderen Microsoft-Produkten.

4. Snowflake: Snowflake ist eine Cloud-basierte Data-Warehouse-Plattform, die für ihre hohe Skalierbarkeit, Elastizität und einfache Handhabung bekannt ist. Mit seiner einzigartigen Architektur ermöglicht Snowflake eine schnelle und effiziente Datenanalyse und bietet Kunden eine flexible Dateninfrastruktur.

5. IBM Cloud: IBM Cloud bietet eine Vielzahl von Daten- und Analysetools wie IBM Db2 für datenbankgestützte Analysen, Watson Studio für KI-gesteuerte Analyse und IBM Cloud Object Storage für die sichere Datenspeicherung. IBM Cloud zeichnet sich durch seine umfangreichen Funktionen im Bereich KI und maschinelles Lernen aus und hat eine starke Präsenz in den Bereichen Unternehmens- und Industriespezifische Lösungen.

6. Salesforce: Salesforce ist eine führende Plattform für Customer Relationship Ma-

nagement (CRM) und bietet auch Lösungen für die Datenanalyse. Mit Salesforce Einstein Analytics können Unternehmen Daten visualisieren, analysieren und Erkenntnisse gewinnen, um ihre Kundenbeziehungen und Marketingstrategien zu verbessern.

Diese Unternehmen und Plattformen haben sich aufgrund ihrer umfassenden Datenlösungen, ihrer Skalierbarkeit, Leistung und Zuverlässigkeit als führende Akteure im Bereich Daten als Service etabliert. Unternehmen können ihre Dienste nutzen, um ihre Datenanalyse- und Entscheidungsfindungsprozesse zu verbessern und wertvolle Erkenntnisse aus ihren Daten zu gewinnen. Mit dem Wachstum und der Weiterentwicklung der Datenlandschaft werden sich auch die führenden Unternehmen und Plattformen weiterentwickeln und neue innovative Lösungen anbieten.

7.1 - Amazon Web Services (AWS) Data as a Service (DaaS)

Amazon Web Services (AWS) ist ein führender Anbieter von Cloud Computing-Diensten und bietet auch Data as a Service (DaaS) an. Mit AWS DaaS können Unternehmen auf eine Vielzahl von Datenlösungen zugreifen und von den Vorteilen des Cloud-basierten Datenmanagements profitieren.

Eine der prominentesten DaaS-Lösungen von AWS ist Amazon Redshift. Redshift ist ein hochskalierbares Data Warehouse, das Unternehmen ermöglicht, große Datenmengen effizient zu speichern und zu analysieren. Mit seiner massiv parallelen Verarbeitungsfähigkeit und der Möglichkeit, Daten aus verschiedenen Quellen zu integrieren, bietet Redshift eine leistungsstarke Plattform für Datenanalyse und Business Intelligence.

AWS DaaS umfasst auch Amazon RDS (Relational Database Service), das eine verwaltete Datenbanklösung bietet und Unternehmen dabei unterstützt, relationale Datenbanken in der Cloud zu betreiben. Mit RDS können Unternehmen Datenbankinstanzen erstellen, verwalten und skalieren, ohne sich um die zugrunde liegende Infrastruktur kümmern zu müssen.

Ein weiterer wichtiger Bestandteil von AWS DaaS ist Amazon Athena. Athena ist ein interaktiver Abfragedienst, mit dem Unternehmen Ad-hoc-Abfragen in ihren Daten durchführen können, ohne dass eine vorherige Datenmodellierung oder -vorbereitung erforderlich ist. Mit Athena können Benutzer SQL-Abfragen direkt auf Daten in Amazon S3 ausführen und schnell Einblicke gewinnen.

Darüber hinaus bietet AWS auch spezifische DaaS-Lösungen für verschiedene Anwendungsfälle. Zum Beispiel ermöglicht Amazon Kinesis Unternehmen die Erfassung, Verarbeitung und Analyse von Echtzeitdatenströmen. Mit Amazon Kinesis können Unternehmen Daten in Echtzeit verarbeiten und sofortige Einblicke gewinnen, um schnell auf veränderliche Geschäftsanforderungen reagieren zu können.

AWS DaaS bietet auch Tools wie Amazon Glue, das Unternehmen bei der Datenintegration, -transformation und -vorbereitung unterstützt, sowie Amazon EMR (Elastic MapReduce), das eine skalierbare und verwaltete Plattform für die Verarbeitung großer Datenmengen mit Open-Source-Frameworks wie Apache Spark und Hadoop bereitstellt.

Mit AWS DaaS können Unternehmen flexibel auf eine Vielzahl von Datenlösungen zugreifen, ohne dass sie die Infrastruktur selbst verwalten müssen. Die Skalierbarkeit und Zuverlässigkeit der AWS-Cloud ermöglicht es Unternehmen, Daten in großem Maßstab zu verarbeiten und wertvolle Erkenntnisse zu gewinnen.

Amazon Web Services (AWS) hat sich als führender Anbieter von Data as a Service (DaaS) etabliert und bietet eine breite Palette von Lösungen, die Unternehmen bei der effektiven Verwaltung und Analyse ihrer Daten unterstützen. Durch die

Nutzung von AWS DaaS können Unternehmen ihre Daten effizient nutzen und ihre Geschäftsprozesse optimieren.

7.2 - Google Cloud Data as a Service (DaaS)

Google Cloud ist ein führender Anbieter von Cloud Computing-Diensten und bietet ebenfalls Data as a Service (DaaS) Lösungen an. Mit Google Cloud DaaS können Unternehmen auf eine breite Palette von Datenlösungen zugreifen und von den Vorteilen der Google Cloud-Plattform profitieren.

Ein zentraler Bestandteil von Google Cloud DaaS ist BigQuery. BigQuery ist ein vollständig verwalteter, hoch skalierbarer Data Warehouse-Service, der Unternehmen ermöglicht, große Datenmengen schnell zu analysieren. Durch seine parallele Verarbeitungsfähigkeit und die Integration von SQL-Abfragen können Unternehmen effizient Einblicke aus ihren Daten gewinnen und komplexe Analysen durchführen.

Darüber hinaus bietet Google Cloud auch Cloud SQL, eine verwaltete Datenbanklösung, die Unternehmen bei der Verwaltung von relationalem Datenbankmanagement in der Cloud unterstützt. Cloud SQL ermöglicht Unternehmen die Bereitstellung und Verwaltung von MySQL- und PostgreSQL-Datenbanken auf der Google Cloud-Plattform, ohne sich um die zugrunde liegende Infrastruktur kümmern zu müssen.

Google Cloud DaaS umfasst auch Dienste wie Google Cloud Dataflow, mit dem Unternehmen Datenströme in Echtzeit analysieren und verarbeiten können. Durch die Nutzung von Dataflow können Unternehmen komplexe Datenpipelines erstellen, die Daten aus verschiedenen Quellen sammeln, transformieren und analysieren, um wertvolle Einblicke in Echtzeit zu gewinnen.

Ein weiterer wichtiger Bestandteil von Google Cloud DaaS ist Google Cloud Pub/Sub. Pub/Sub ist ein ereignisbasierter Messaging-Dienst, der es Unternehmen ermöglicht, Daten in Echtzeit zwischen verschiedenen Anwendungen und Diensten auszutauschen. Mit Pub/Sub können Unternehmen Datenströme veröffentlichen und abonnieren, um Echtzeitinformationen zu erhalten und auf Ereignisse zu reagieren.

Google Cloud bietet auch spezialisierte DaaS-Lösungen wie Google Cloud Dataprep, das Unternehmen bei der Vorbereitung und Reinigung ihrer Daten unterstützt, sowie Google Cloud Dataproc, das eine verwaltete Hadoop- und Spark-Plattform für die Verarbeitung großer Datenmengen bereitstellt.

Durch die Nutzung von Google Cloud DaaS können Unternehmen flexibel auf leistungsstarke Datenlösungen zugreifen und gleichzeitig von den Vorteilen der Google Cloud-Infrastruktur profitieren. Die Skalierbarkeit, Zuverlässigkeit und Sicherheit der Google Cloud ermöglicht es Unternehmen, ihre Daten effektiv zu verwalten und umfassende Analysen durchzuführen.

Google Cloud hat sich als führender Anbieter von Data as a Service (DaaS) etabliert und bietet eine breite Palette von Lösungen, die Unternehmen dabei unterstützen, ihre Daten optimal zu nutzen und geschäftliche Erkenntnisse zu gewinnen.

Durch die Integration von Google Cloud DaaS können Unternehmen ihre Datenanalyse verbessern und ihre Geschäftsprozesse optimieren.

7.3 - Microsoft Azure Data as a Service (DaaS)

Microsoft Azure ist eine führende Cloud-Computing-Plattform, die auch Data as a Service (DaaS) Lösungen anbietet. Azure DaaS ermöglicht Unternehmen den Zugriff auf eine Vielzahl von Datenlösungen und die Nutzung der leistungsstarken Azure-Infrastruktur.

Ein wichtiger Bestandteil von Azure DaaS ist Azure SQL Database. Azure SQL Database ist ein vollständig verwalteter, relationale Datenbankdienst, der Unternehmen die Speicherung und Verarbeitung großer Datenmengen in der Cloud ermöglicht. Mit Azure SQL Database können Unternehmen ihre Daten effizient verwalten, Abfragen durchführen und Analysen durchführen, ohne sich um die zugrunde liegende Infrastruktur kümmern zu müssen.

Azure DaaS bietet auch Azure Cosmos DB, eine global verteilte, mehrmodellige Datenbank, die eine skalierbare und hochverfügbare Speicherung von strukturierten und unstrukturierten Daten ermöglicht. Azure Cosmos DB ermöglicht es Unternehmen, Daten mit hoher Geschwindigkeit und niedriger Latenz zu speichern und abzurufen, um schnell auf geschäftliche Anforderungen zu reagieren.

Ein weiterer wichtiger Dienst von Azure DaaS ist Azure Data Lake Storage. Data Lake Storage ist eine skalierbare, sichere und hochgradig verfügbare Speicherlösung für die Verwaltung von Big Data. Mit Data Lake Storage können Unternehmen große Mengen an strukturierten und unstrukturierten Daten speichern und analysieren, um umfassende Einblicke zu gewinnen.

Azure DaaS umfasst auch Azure Databricks, eine integrierte Plattform für die Zusammenarbeit und Datenanalyse. Databricks bietet Unternehmen die Möglichkeit, Datenpipelines zu erstellen, maschinelles Lernen und künstliche Intelligenz anzuwenden und Analysen in Echtzeit durchzuführen. Durch die Integration von Databricks können Unternehmen komplexe Datenanalyseprojekte effizient durchführen und schnelle Erkenntnisse gewinnen.

Microsoft Azure bietet auch spezialisierte DaaS-Lösungen wie Azure Machine Learning, mit dem Unternehmen maschinelles Lernen in ihre Datenanalysen integrieren können, und Azure Stream Analytics, eine Echtzeit-Analyseplattform für Streaming-Daten.

Durch die Nutzung von Azure DaaS können Unternehmen ihre Daten effektiv verwalten, analysieren und geschäftliche Erkenntnisse gewinnen. Die leistungsstarke Azure-Infrastruktur, kombiniert mit den umfangreichen DaaS-Lösungen, ermöglicht es Unternehmen, datengesteuerte Entscheidungen zu treffen und ihr Geschäft zu optimieren.

Microsoft Azure hat sich als einer der führenden Anbieter von Data as a Service (DaaS) etabliert und bietet eine breite Palette von Lösungen, die Unternehmen bei der effektiven Nutzung ihrer Daten unterstützen. Mit Azure DaaS können Unternehmen ihre Datenanalyse verbessern, Prozesse automatisieren und wertvolle Einblicke gewinnen, um ihre Geschäftsergebnisse zu verbessern.

7.4 - IBM Data as a Service (DaaS)

IBM ist ein führender Anbieter von Data as a Service (DaaS) Lösungen und bietet Unternehmen eine Vielzahl von datengesteuerten Diensten und Plattformen an. IBM DaaS ermöglicht es Unternehmen, Daten effizient zu nutzen, um Einblicke zu gewinnen und geschäftliche Entscheidungen zu treffen.

Ein wichtiger Bestandteil von IBM DaaS ist IBM Watson Studio. Watson Studio ist eine umfassende Plattform für Datenanalyse und KI-Modellierung. Mit Watson Studio können Unternehmen ihre Daten analysieren, Modelle erstellen und KI-Algorithmen implementieren, um Muster zu erkennen und Vorhersagen zu treffen. Watson Studio bietet eine intuitive Benutzeroberfläche und leistungsstarke Tools, die es Unternehmen ermöglichen, Datenanalysen und KI-Projekte effizient durchzuführen.

IBM DaaS bietet auch IBM DB2, eine leistungsstarke relationale Datenbanklösung. DB2 ermöglicht Unternehmen die Speicherung und Verwaltung großer Datenmengen und bietet erweiterte Funktionen für Datenbankadministration und -analyse. Mit DB2 können Unternehmen komplexe Abfragen durchführen, Datenintegrität gewährleisten und Daten effizient verwalten.

Ein weiterer wichtiger Dienst von IBM DaaS ist IBM Cloud Object Storage. Cloud Object Storage ist eine skalierbare und sichere Speicherlösung für die Verwaltung großer Datenmengen. Mit Cloud

Object Storage können Unternehmen unstrukturierte Daten wie Bilder, Videos und Dokumente speichern und einfach darauf zugreifen. Die flexible Skalierbarkeit und hohe Verfügbarkeit von Cloud Object Storage ermöglicht es Unternehmen, ihre Dateninfrastruktur effizient zu verwalten.

IBM DaaS umfasst auch IBM Watson Discovery, eine Plattform für die automatisierte Inhaltsanalyse. Watson Discovery ermöglicht es Unternehmen, unstrukturierte Daten zu erfassen, zu verstehen und Erkenntnisse daraus zu gewinnen. Durch die Anwendung von Natural Language Processing und maschinellem Lernen können Unternehmen Informationen in Texten, Dokumenten und anderen unstrukturierten Datenquellen extrahieren und analysieren.

IBM bietet auch spezialisierte DaaS-Lösungen wie IBM Cognos Analytics, eine Plattform für Business Intelligence und Datenvisualisierung, und IBM Watson Assistant, eine KI-gesteuerte Chatbot-Plattform.

Durch die Nutzung von IBM DaaS können Unternehmen ihre Datenressourcen effektiv nutzen und wertvolle Einblicke gewinnen. Die vielfältigen datengesteuerten Dienste und Plattformen von IBM bieten Unternehmen die Möglichkeit, ihre Datenanalysen zu verbessern, Prozesse zu optimieren und fundierte Entscheidungen zu treffen.

IBM hat sich als führender Anbieter von Data as a Service (DaaS) etabliert und bietet umfangreiche Lösungen an, die Unternehmen bei der Nutzung ihrer Daten unterstützen. Mit IBM DaaS können Unternehmen ihre Daten effizient verwalten, analysieren und die Leistung ihres Geschäfts verbessern.

7.5 - Salesforce Data as a Service (DaaS)

Salesforce ist ein renommierter Anbieter von Data as a Service (DaaS) Lösungen, die Unternehmen dabei unterstützen, ihre datengesteuerten Prozesse zu verbessern und wertvolle Einblicke in ihr Geschäft zu gewinnen.

Salesforce DaaS bietet eine breite Palette von datengesteuerten Diensten und Plattformen, die es Unternehmen ermöglichen, ihre Daten effizient zu nutzen. Ein wesentlicher Bestandteil von Salesforce DaaS ist die Customer 360 Platform. Diese Plattform ermöglicht Unternehmen, Daten über ihre Kunden zu erfassen, zu integrieren und zu analysieren, um personalisierte Marketingkampagnen durchzuführen und Kundenbeziehungen zu stärken. Durch die Integration verschiedener Datenquellen wie CRM-Daten, E-Commerce-Daten und Social-Media-Daten können Unternehmen ein umfassendes Bild ihrer Kunden gewinnen und gezielte Maßnahmen ergreifen.

Ein weiterer wichtiger Service von Salesforce DaaS ist Salesforce Einstein. Einstein ist eine leistungsstarke KI-Plattform, die maschinelles Lernen und Datenanalyse nutzt, um automatisierte Erkenntnisse und Vorhersagen zu generieren. Mit Einstein können Unternehmen Daten aus verschiedenen Quellen analysieren, Muster erkennen und Empfehlungen ableiten, um fundierte Entscheidungen zu treffen. Durch den Einsatz von KI-Algorithmen ermöglicht Salesforce Einstein eine präzisere Segmentierung von Kunden, eine bessere Vorhersage von Verkaufschancen und eine effektivere Personalisierung von Kundenerlebnissen.

Salesforce DaaS bietet auch Salesforce Data Studio, eine Plattform für die Verwaltung von Marketingdaten. Data Studio ermöglicht es Unternehmen, Daten aus verschiedenen Quellen zu sammeln, zu verknüpfen und zu analysieren, um ein umfassendes Verständnis ihrer Zielgruppe zu erlangen. Durch die Integration von Daten aus CRM-Systemen, sozialen Medien und anderen Quellen können Unternehmen präzise Zielgruppenprofile erstellen und ihre Marketingstrategien entsprechend anpassen.

Ein weiterer Vorteil von Salesforce DaaS ist die hohe Sicherheit und Datenschutzstandards, die Salesforce bietet. Salesforce verfolgt strenge Sicherheitsmaßnahmen, um die Vertraulichkeit und Integrität der Daten zu gewährleisten. Unternehmen können sich darauf verlassen, dass ihre Daten sicher gespeichert und verarbeitet werden.

Salesforce hat sich als führender Anbieter von Data as a Service (DaaS) etabliert und bietet umfangreiche Lösungen an, die Unternehmen bei der effektiven Nutzung ihrer Daten unterstützen. Durch die Kombination von leistungsstarken Plattformen wie der Customer 360 Platform, Salesforce Einstein und Salesforce Data Studio ermöglicht Salesforce DaaS Unternehmen, wertvolle Einblicke zu gewinnen, ihre Marketingstrategien zu optimieren und eine bessere Kundenbindung zu erreichen.

Die vielfältigen datengesteuerten Dienste und

Plattformen von Salesforce DaaS bieten Unternehmen die Möglichkeit, ihre datengesteuerten Prozesse zu transformieren und ihr Geschäft voranzutreiben. Durch die Nutzung von Salesforce DaaS können Unternehmen ihre Daten effizient nutzen, um Wachstumspotenziale zu identifizieren, Kundenbeziehungen zu stärken und ihre Wettbewerbsfähigkeit zu steigern.

Kapitel 8: Rechtliche Aspekte

Im Bereich von Daten als Service (DaaS) spielen rechtliche Aspekte eine entscheidende Rolle. Die Nutzung und Verarbeitung von Daten unterliegt verschiedenen rechtlichen Rahmenbedingungen, die Unternehmen beachten müssen, um rechtliche Konsequenzen zu vermeiden.

Ein zentrales Thema im Kontext von DaaS ist der Datenschutz. Unternehmen müssen sicherstellen, dass sie die Datenschutzgesetze einhalten und personenbezogene Daten angemessen schützen. Hierbei spielt die Einhaltung der Datenschutz-grundverordnung (DSGVO) eine wichtige Rolle, insbesondere wenn es um die Verarbeitung von personenbezogenen Daten von EU-Bürgern geht. Unternehmen sollten sicherstellen, dass sie die erforderlichen Einwilligungen der betroffenen Personen einholen, angemessene Sicherheitsmaßnahmen implementieren und die Rechte der Betroffenen respektieren.

Ein weiterer rechtlicher Aspekt betrifft die Eigentumsrechte an den Daten. Unternehmen sollten klare Vereinbarungen treffen, um die Rechte an den bereitgestellten Daten zu regeln. Dies kann in Form von Lizenzverträgen oder Nutzungsvereinbarungen geschehen, um sicherzustellen, dass sowohl der Datenanbieter als auch der Datenkunde ihre Rechte und Pflichten verstehen.

Neben dem Datenschutz und den Eigentumsrechten müssen auch die rechtlichen Aspekte des Vertragswesens berücksichtigt werden. Unternehmen sollten klare Vereinbarungen treffen, die die Haftung, Gewährleistung und gegebenenfalls auch den Schadenersatz regeln. Verträge sollten auch Regelungen für den Fall enthalten, dass es zu Störungen oder Ausfällen des Datenanbieters kommt, um die rechtlichen und finanziellen Konsequenzen abzusichern.

Des Weiteren sollten auch die rechtlichen Anforderungen hinsichtlich der Datenübertragung und -speicherung berücksichtigt werden. Je nach Land oder Region können spezifische Vorschriften und Restriktionen gelten, die die Übertragung und Speicherung bestimmter Daten betreffen. Unternehmen sollten sicherstellen, dass sie diese Vorschriften einhalten und gegebenenfalls geeignete Mechanismen zur Datenübertragung und -speicherung implementieren.

Ein weiteres rechtliches Thema ist die Einhaltung von Branchenvorschriften und -standards. Je nach Branche können spezifische Compliance-Anforderungen bestehen, die Unternehmen beachten müssen. Hierzu zählen beispielsweise Vorschriften im Gesundheitswesen (HIPAA), im Finanzsektor (PCI DSS) oder im Bereich des E-Commerce (EU-Richtlinien). Unternehmen sollten sicherstellen, dass sie die relevanten Vorschriften einhalten und gegebenenfalls Zertifizierungen oder Audits durchführen lassen, um ihre Compliance nachzuweisen.

Schließlich spielt auch der Schutz geistigen Eigentums eine Rolle. Unternehmen müssen sicherstellen, dass sie keine urheberrechtlich geschützten Inhalte oder geschützte Markenrechte verletzen, wenn sie Daten als Service anbieten. Hierbei sollten sie sicherstellen, dass sie die erforderlichen Rechte zur Nutzung der bereitgestellten Daten besitzen oder diese von den Rechteinhabern erwerben.

Insgesamt sind die rechtlichen Aspekte im Bereich von Daten als Service vielfältig und komplex. Unternehmen sollten sich eingehend mit den jeweiligen gesetzlichen Bestimmungen auseinandersetzen und gegebenenfalls rechtlichen Rat einholen, um sicherzustellen, dass sie alle rechtlichen Anforderungen erfüllen und mögliche rechtliche Risiken minimieren. Durch die Beachtung der rechtlichen Aspekte können Unternehmen das Vertrauen ihrer Kunden gewinnen und langfristige, erfolgreiche Geschäftsbeziehungen aufbauen.

8.1 - Wem gehören die Daten?

Die Frage nach dem Eigentum an Daten im Kontext von Daten als Service ist eine komplexe und kontroverse Angelegenheit. Es gibt keine einheitliche Antwort, da dies von verschiedenen Faktoren abhängt, wie dem Kontext der Datenerhebung, den geltenden Gesetzen und den getroffenen Vereinbarungen zwischen den Parteien.

Grundsätzlich wird oft argumentiert, dass Daten keinen natürlichen Eigentümer haben, da sie nicht wie physische Objekte besessen werden können. Daten sind eher immaterielle Informationen, die von verschiedenen Quellen generiert und gesammelt werden. Dennoch können Unternehmen und Organisationen Rechte an den von ihnen generierten oder gesammelten Daten besitzen, insbesondere wenn sie erhebliche Investitionen getätigt haben, um diese Daten zu erstellen oder zu erwerben.

Es gibt verschiedene rechtliche Rahmenbedingungen, die das Eigentum an Daten regeln können. In einigen Ländern und Regionen wird das Eigentum an Daten durch das Urheberrecht geregelt. Das bedeutet, dass derjenige, der die Daten erstellt hat, automatisch das Urheberrecht an ihnen besitzt. In anderen Fällen können Daten als Geschäftsgeheimnis betrachtet werden, und das Unternehmen, das diese Daten hält und schützt, besitzt die Eigentumsrechte daran.

Es ist jedoch wichtig zu beachten, dass das Eigentum an Daten nicht notwendigerweise bedeutet, dass der Eigentümer auch uneingeschränkte Kontrolle über die Daten hat. In vielen Fällen unterliegen Daten bestimmten rechtlichen und ethischen Einschränkungen, insbesondere wenn es sich um personenbezogene Daten handelt. Datenschutzgesetze können die Verarbeitung und Nutzung dieser Daten regeln und den Datenschutz der betroffenen Personen gewährleisten.

Im Kontext von Daten als Service können die Eigentumsrechte an den bereitgestellten Daten durch vertragliche Vereinbarungen geregelt werden. Datenanbieter können Nutzungsbedingungen und Lizenzverträge festlegen, die die Rechte und Pflichten sowohl des Anbieters als auch des Kunden regeln. Solche Vereinbarungen können angeben, wer die Eigentümer der Daten sind, wie die Daten verwendet werden dürfen und ob der Kunde die Daten für eigene Zwecke nutzen oder sie nur im Rahmen des Serviceangebots nutzen darf.

Es ist auch wichtig zu beachten, dass das Eigentum an Daten nicht unbedingt mit dem Zugriff auf oder der Kontrolle über die Daten gleichzusetzen ist. In einigen Fällen kann ein Unternehmen das Eigentum an den Daten behalten, aber den Kunden den Zugriff auf die Daten gewähren oder ihnen erlauben, die Daten für bestimmte Zwecke zu nutzen.

In der Praxis kann das Eigentum an Daten oft Gegenstand von Verhandlungen und Vereinbarungen zwischen den beteiligten Parteien sein. Es ist ratsam, klare Vereinbarungen zu treffen, die die Eigentumsrechte an den Daten eindeutig definieren und mögliche Streitigkeiten oder Missverständnisse vermeiden können.

Insgesamt ist das Eigentum an Daten ein komplexes Thema, das von verschiedenen Faktoren abhängt und sich in rechtlichen und vertraglichen Rahmenbedingungen bewegt. Es gibt keine einheitliche Antwort auf die Frage, wem die Daten gehören, sondern es bedarf einer sorgfältigen Analyse und Regelung, um die Rechte und Interessen aller beteiligten Parteien zu berücksichtigen.

8.1.1 - Welche Nutzungsrechte gibt es für DaaS-Kunden?

Im Zusammenhang mit Daten als Service (DaaS) stellt sich die Frage nach den Nutzungsrechten, die Kunden für die bereitgestellten Daten haben. Die Nutzungsrechte können je nach den vereinbarten Bedingungen und den geltenden Gesetzen variieren.

In der Regel gewährt der Datenanbieter dem Kunden bestimmte Nutzungsrechte an den bereitgestellten Daten. Diese Nutzungsrechte können in den vertraglichen Vereinbarungen zwischen den Parteien festgelegt werden und sollten klar und präzise definiert sein.

Die Nutzungsrechte können verschiedene Aspekte umfassen. Zum Beispiel kann der Kunde das Recht haben, die Daten für interne Zwecke zu nutzen, um Analysen, Berichte oder Geschäftsentscheidungen zu unterstützen. Der Kunde kann auch das Recht haben, die Daten in bestimmten Anwendungen oder Produkten zu integrieren oder sie an Dritte weiterzugeben, sofern dies vertraglich gestattet ist.

Es ist wichtig zu beachten, dass die Nutzungsrechte in der Regel bestimmten Einschränkungen unterliegen. Zum Beispiel können die Nutzungsrechte zeitlich begrenzt sein und sich auf einen bestimmten Vertragszeitraum beziehen. Der Kunde kann die Daten möglicherweise nur während der Vertragslaufzeit nutzen und nach Vertragsende keinen Zugriff mehr darauf haben.

Darüber hinaus können die Nutzungsrechte geografisch beschränkt sein. Der Kunde kann möglicherweise nur in bestimmten geografischen Regionen auf die Daten zugreifen oder sie in bestimmten Ländern nutzen. Diese Beschränkungen können durch rechtliche Vorschriften, Datenschutzbestimmungen oder andere vertragliche Vereinbarungen bedingt sein.

Die Nutzungsrechte können auch Einschränkungen hinsichtlich der Art der Nutzung umfassen. Zum Beispiel kann der Kunde verpflichtet sein, die Daten nur für interne Zwecke zu verwenden und sie nicht an Dritte weiterzugeben oder öffentlich zugänglich zu machen. Der Kunde kann auch verpflichtet sein, die Daten vertraulich zu behandeln und angemessene Sicherheitsmaßnahmen zum Schutz der Daten zu ergreifen.

Es ist wichtig, die Nutzungsrechte sorgfältig zu prüfen und zu verstehen, um sicherzustellen, dass sie den Bedürfnissen und Anforderungen des Kunden entsprechen. Bei Bedarf können auch individuelle Vereinbarungen über zusätzliche Nutzungsrechte getroffen werden, um spezifische Anforderungen abzudecken.

Es empfiehlt sich, die Nutzungsrechte in den vertraglichen Vereinbarungen klar und eindeutig festzulegen, um mögliche Missverständnisse oder Streitigkeiten zu vermeiden. Der Kunde sollte die Nutzungsrechte sorgfältig prüfen und bei Unklarheiten oder Unstimmigkeiten rechtzeitig mit dem Datenanbieter kommunizieren.

Insgesamt hängen die Nutzungsrechte für DaaS-Kunden von den vereinbarten Bedingungen und den geltenden Gesetzen ab. Eine klare Definition und Vereinbarung der Nutzungsrechte ist entscheidend, um eine reibungslose Nutzung der bereitgestellten Daten zu gewährleisten und potenzielle rechtliche Probleme zu vermeiden.

8.2 - Wie verhält sich der Europäische Datenschutz zu DaaS?

Im Zusammenhang mit Daten als Service (DaaS) stellt sich die Frage, wie sich der Europäische Datenschutz auf diese Art von Dienstleistungen auswirkt. Der Europäische Datenschutz basiert auf der Datenschutz-Grundverordnung (DSGVO), die eine einheitliche Regelung für den Schutz personenbezogener Daten in der Europäischen Union (EU) gewährleistet.

Gemäß der DSGVO gelten personenbezogene Daten als sensible Informationen, die sich auf identifizierte oder identifizierbare natürliche Personen beziehen. Bei der Verarbeitung solcher Daten müssen bestimmte Prinzipien und Vorschriften eingehalten werden, um die Privatsphäre und die Rechte der betroffenen Personen zu schützen.

Im Kontext von DaaS ist es wichtig zu beachten, dass die bereitgestellten Daten personenbezogene Daten enthalten können. Dies kann der Fall sein, wenn die Daten Informationen enthalten, die Rückschlüsse auf eine identifizierte oder identifizierbare Person zulassen, wie beispielsweise Namen, Kontaktdaten oder andere spezifische Informationen.

Gemäß der DSGVO muss die Verarbeitung personenbezogener Daten auf bestimmten Rechtsgrundlagen erfolgen. Eine dieser Rechtsgrundlagen ist die Einwilligung der betroffenen Person. Dies bedeutet, dass der Datenanbieter die Zustimmung der betroffenen Personen einholen muss, um ihre Daten für bestimmte Zwecke zu verarbeiten.

Darüber hinaus muss der Datenanbieter bestimmte Maßnahmen ergreifen, um die Sicherheit und Vertraulichkeit der personenbezogenen Daten zu gewährleisten. Dazu gehören technische und organisatorische Maßnahmen zum Schutz vor unbefugtem Zugriff, Verlust, Missbrauch oder Offenlegung der Daten.

Ein weiteres wichtiges Element des Europäischen Datenschutzes ist die Übertragung personenbezogener Daten außerhalb der EU. Wenn der Datenanbieter personenbezogene Daten in Länder außerhalb der EU überträgt, gelten besondere Anforderungen, um sicherzustellen, dass ein angemessenes Schutzniveau für die Daten gewährleistet ist.

Der Europäische Datenschutz stellt hohe Anforderungen an die Verarbeitung personenbezogener Daten und legt großen Wert auf die Rechte und Freiheiten der betroffenen Personen. Bei der Nutzung von DaaS-Diensten ist es wichtig, dass sowohl der Datenanbieter als auch der Kunde die datenschutzrechtlichen Bestimmungen einhalten und die erforderlichen Vorkehrungen treffen, um den Schutz personenbezogener Daten zu gewährleisten.

Es ist ratsam, dass der Datenanbieter transparente Datenschutzrichtlinien und -verfahren hat und seinen Kunden klare Informationen darüber bereitstellt, wie mit den bereitgestellten Daten umgegangen wird. Der Kunde sollte sicherstellen, dass er die geltenden Datenschutzbestimmungen einhält und gegebenenfalls die Einwilligung der betroffenen Personen einholt.

Insgesamt stellt der Europäische Datenschutz eine wichtige rechtliche Grundlage dar, um den Schutz personenbezogener Daten im Zusammenhang mit DaaS zu gewährleisten. Durch die Einhaltung der datenschutzrechtlichen Bestimmungen können sowohl der Datenanbieter als auch der Kunde das Vertrauen der betroffenen Personen gewinnen und einen verantwortungsvollen Umgang mit personenbezogenen Daten sicherstellen.

Stichwortverzeichnis